菅原兵治 著

佐藤一斎の言葉

『言志四録』を生きる

黎明書房

佐藤一斎の言葉

——『言志四録』を生きる——

＊本書は、昭和四十四年刊行の菅原兵治著『言志四録味講』を改題し、版を改めたものです。

まえがき

一

『言志四録《げんししろく》』は佐藤一斎《さとういっさい》の語録である。

「語録」は、いうなれば、葉末からしたたるしずくである。しずくは、内に満ちみちた樹液が、おのずからにしてにじみ出たものである。無理に出したものでもなければ、人に示すためにつくったものでもない。内に満つるものが自然ににじみ出たものである。

そこが「論文」とちがう。一本の松の木を取り扱うのに、根・幹・枝・葉・花・実と分《わか》ち、そしてそれを切ったり割ったりして、さらにそれを顕微鏡でのぞいて組織をしらべたり、樹液を分析して成分をしらべたりする、それが論文である。

語録と論文、この二つはどちらも必要だ。しかし、そのものの生きた生命を、生きたままでつかむには、論文よりもむしろ語録の方がよいであろう。なぜならそれは、その人の体験や思想の樹液が、そのまま、おのずと、にじみ出たものだからである。

しかし、一滴のしずくから、その草や木のいのちを知るためには、こちらにその素養がなければならぬ。渓谷をわたり、深山をたずねて、巨木芳草の生きた姿にふれぬものには、その一しずくから、松籟《しょうらい》を聞き、蘭香《らんか》を喫《きっ》することは出来ぬ。

二

『言志耋録《てつろく》』に「有《あ》りて無《な》きものは人《ひと》なり。無《な》くして有《あ》るものも亦人《またひと》なり」（言志耋録 一八二）という一章がある。これなども一読何人にも理解出来る文字ではある。

しかし小学生・中学生・高校生・大学生・課長・部長・社長・宰相《さいしょう》等々、その年齢・学問・地位・職分、そこからの経験や心境の如何《いかん》によって、その味得の程度は随分にちがうであろう。

一斎先生がこの語を録したのは、耋録においてであるから八十代のことである。幾多の学生を教育しての経験から、凡才と思われた者の中に、意外に大物になるものもあれば、英才と謳われたものが案外凡々として終わったものもあったろうし、昌平《しょうへい》黌《こう》*儒官としての立場から、幕府や諸侯からの人材の求めもあったであろう。それらの中に在って、八十に達したある日、つくづくと述懐したのがこの一語なのである。

同じ一語でも、これを小学生が暗記して棒読みに唱えたのと、一世の老儒一斎先生の心からにじみ出たのとでは、次元を異にするものを感ずる。となると、一斎の語は、所詮《しょせん》一斎でなければわからぬ、というのが本当かも知れぬ。

三

ここでちょっと触れておきたいが、それは一斎先生在世当時の歴史的背景についてである。一斎先生の生まれたのは一七七二年（安永元年、十代将軍家治の代）であり、没したのは一八五九年（安政六年、十四代将軍家茂の代、明治元年より十年ほど前）である。年表を繰ってみると、一斎先生の生まれた年は田沼意次が老中に就任した年であり、それから八十八年、世はまさに幕末転運の時である。

試みにこの間先生と共に在世した人々を拾って見ても、二宮尊徳あり、大原幽学《ゆうがく》あり、本居宣長あり、頼山陽あり、大塩中斎あり、高山彦九郎《ひこくろう》あり、林子平あり、佐久間象山あり、吉田松陰あり、而《しこう》して目を海外に転ずれば、ワシントンあり、ナポレオンあり、ヴィクトリア女王あり、リンカーンあり、またマルクスもエンゲルスもあり、という時だったのである。

それらの人々とは直接関係がなかったといっても、天人相関の道理を以《もっ》てすれば、それらの人々によって象徴される世界的風潮の電波が、何らかの触媒によって、一斎先生の心のチャンネルに響かぬということはないはずである。彼の深い学究の根が、かかる時代的土壌にねざして吸収した樹液からにじみ出たものが、この『言志四録』であると見ることは、必ずしも過大評価ではあるまい。

四

私が『言志四録』を知ったのは、昭和二年、金雞《きんけい》学院*に入って間もなくのことであるが、本当にわがものとして読み出したのは、実は昭和十年、岩波文庫として出版されてからである。手頃の本でもあり、その後は常に座右におき、ことに旅行の時などはいつも手下げに入れて車中でもこれを繙《ひもと》いて来た。そして三十幾年、韋編三絶《いへんさんぜつ》というが、いま持っているこの書はまさにその通りで、今日もとじ糸からはがれて来た一枚を、恐るおそる糊で貼りつけた次第だが、しかしこうなると本当に愛読書という感じで、手放しがたくなるものである。

菅原先生が愛読された『言志四録』と同じ昭和十年刊の岩波文庫。

三十年前に書き込んでおいた感想を見ては、理屈で読んでいたなあなど思えて恥ずかしくもなる。この春岩波文庫で二十年ぶりに復刊したのを手にしたが、いくら古くなってもやはりこの韋編三絶の方を取る。徳川時代の和本も持っているが、それはそれとして尊いが、やはりこの方に血が通う。

こんなわけで、近頃は時々、目をつぶってパッと開き、そして目にとまった一章を読む。もちろん、その時その時によって、一瞬にしてぴんと響いて来るものもあるが、時にはそうでない場合もある。文字がわからぬからではない。それは要するに、こちらにその語より流れ出る電波をキャッチするチャンネルが欠けているからである。そして何カ月か何カ年かたった後に、ふとその語が思い出されて「なるほど……」と微笑することもある。この辺が論文と趣を異にするところであろうか。

五

こうして私は、三十数年の間ひそかに『言志四録』に親しんで来たのであるが、最近道友のつどいで毎月一回それを味わうことになり、その時の草稿をまとめたのがこれである。だから、こうした書を作ろうとして、一気に書いたものではなく、その時その時、何らかの因縁があって、その章を抄《ぬ》き出したものであり、随って、その注《ちゅう》釈《しゃく》もまた、それに応じたものである。まあ強いて名づくれば、「語録の語録的味読」とでもいおうか。

そしてまた、この書を刊行するに至ったのも、実は黎明書房社長の力富《りきとみ》氏との年来の道縁から、同氏の発意によるものであり、思えばまことに因縁の自然に成れるものである。

六

四録と一斎先生の年齢との関係をみると次のようになる。

言　志　録　（二四六章）　四二歳―五三歳（十二年間）
言志後録《こうろく》（二五五章）　五七歳―六六歳（十年間）
言志晩録《ばんろく》（二九二章）　六七歳―七八歳（十二年間）
言志耋録　（三四〇章）　八〇歳―八二歳（三年間）

こうしてみると、総計千百三十三章。だから十年に三百章、一年に三十章程度、月にすると二・五章程度のものとなる。しかもその一章といっても、原文の漢文だとわずか一行ないし二行のものが大部分であるのだから、現在の四〇〇字詰原稿用紙を以《もっ》てすると、月に半枚、年に五～六枚程度のものとなるわけである。『言志録』に、「已《や》むを得《え》ざるに薄《せま》りて、而《しか》る後《のち》にこれを外《そと》に発《はっ》するものは花《はな》なり」（言志録　九二）〔二〇四頁参照〕

とあるが、やむを得ざるにせまりて発する花にもたとえつべきもので、今の代のブックメーカーのそれとは、含蓄を異にするものがあるのも無理からぬことである。私は今朝、二枚目の原稿用紙を書いているのだが、一斎先生がこれくらい書くのに半年以上もかけているのだと思うと忸怩《じくじ》たるものがある。不朽の書は不尽の努力に成るもの、これを読むにもまた然るべきであることを痛感する。

これを以て序とする。

なお、本書に取りあげたのは、右のような次第で、『言志四録』のつまみぐいともいうべきもの。幸いに岩波文庫のそれは全章を収め、和訳とともに原文も添え、そして一斎先生の伝記も詳しく述べてあるから、それを入手して、人々縁ある章によって、心ゆくまで玩味し、風味し、そしてその妙味を喫せられたいと願う。
終に本書の成るに至ったのは、旧稿新稿雑然たるものを、整理し、編輯《へんしゅう》してくれた力富社長をはじめ黎明書房諸彦《しょげん》の力によるものであり、深く感謝の意を表する。

昭和四十三年秋

月山山下・含翠学舎にて

菅原兵治

目　次

第2章　養生に関するもの

第3章　学道に関するもの

第4章　志憤に関するもの

第7章　敬に関するもの

第8章　言語に関するもの

第9章　事を処する道

第10章　随時に拾ったもの

補説・「我づくり」のための探究─敬の弁証法─

第1章　自己確立に関するもの

一　都《す》べて一己《いっこ》より

士《し》は当《まさ》に己《おの》れに在《あ》るものを恃《たの》むべし。動天驚地《どうてんきょうち》の極大《きょくだい》の事業《じぎょう》も、亦都《またす》べて一己《いっこ》より締造《ていぞう》す。（言志録　一一九）

我を顧《かえり》み、人を見、古《いにしえ》をたずね、今を思うて、ほんとうにこの通りだと思う。天地を驚かすような大事業も――たとえばコロンブスのアメリカ発見も、ナポレオンのアルプス越えも、そして会社の事業も、一家の経営も——「都《す》べて一己《いっこ》より締造《ていぞう》」したものである。

ここで「締造」の語を味わってみたい。「締」は「むすぶ」あるいはまた「しめる」などと訓《よ》む。締結などと熟語され、要するにむすぶことである。だから締造は、ものを結集して造成することである。すべて事は一人の力のみで能《よ》くするものではない。諸人、諸物を結集し、その統合活用によって造り成されるものである。これが「締造」であって、その締造の主体が「一己」なのであり、そして、それが出来るようになって「士」なのである。

「士」は説文《せつもん》学的にいえば「十」と「一」との会意文字で、「十」なる諸要素を「一」によって統一し、締造してゆくという意味をもつ文字である。したがって「一己」を個人主義的な小さい己と解すべきではなく、諸人諸物の統格者（締造者）としての己と悟《さと》るべきであるが、これをさらに次章に見ることとしよう。

二　自己喪失

己《おの》れを喪《うしな》へば斯《ここ》に人《ひと》を喪《うしな》ふ。人《ひと》を喪《うしな》へば斯《ここ》に物《もの》を喪《うしな》ふ。（言志録　一二〇）

近来設備や組織の「物」の過大化にともなってしきりに「人間喪失」ということがいわれるが、しかし、この場合の「人間」には概念的意義が強く、その中に自己がはいっていることを忘れがちではあるまいか。それに対して、一斎は「自己喪失」を取りあげているが、この方がはるかに切実である。

「己れを喪へば斯に人を喪ふ」と彼はいう。すべて事をなすには、自分一人で出来るものではない。小にしては一家の経営から、大にしては大企業の経営、さらに天下国家の経綸《けいりん》に至《いた》るまで、人々の協力を得て事が運ばれるものである。社長一人がいかに威張ってみても、幹部をはじめ従業員がついて来なければうまく行くものではない。人をうしなえば事業はうまく行かず、したがって物の生産もうまく行かず、「人を喪《うしな》へば、斯《ここ》に物《もの》を喪《うしな》ふ」となる。農家の諺《ことわざ》に「不作でつぶれた家はないものだ。家がつぶれるのは、不和からである」といわれるのもこの故である。

一斎は、人を喪い、物を喪う根元は「己れを喪ふ」からであるというが、己れを喪うとは、その立場におけるあるべき我がくずれ、正常性をうしなってしまうことである。正しい我、健やかな我、高い我、大きい我、清い我、明るい我、これらの「生々の徳」をもつ我。それこそが一切の本である。『大学』*に、

徳有れば、此《ここ》に人有り。
人有れば、此に土有り。（土とは現代でいう「生産手段」である。）
土有れば、此に財有り。
財有れば、此に用有り。
徳は本《もと》なり、財は末《すえ》なり。

とあるが、「己れを喪ふ」とは、この徳を喪うことである。

思えば、政治も教育も、産業も経済も、畢竟《ひっきょう》するに、その事に当たる人の徳によって運用されるもの。かくて「自己喪失」は、一切喪失の本であり、自己確立こそが、一切成長の本である。この意味において、『言志四録《げんししろく》』に収むる幾百 章《いくびゃくしょう》は、これを要するに自己喪失を防いで、正しい自己を確立するためのものといえるであろう。

三　真己《しんこ》と仮己《かこ》

本然《ほんぜん》の真己《しんこ》あり。軀殻《くかく》の仮己《かこ》あり。須《すべか》らく自《みずか》ら認得《にんとく》するを要《よう》すべし。（言志録一二二）

我に「本然の真己」と、「軀殻の仮己」とある。そして、その区別は自分自身で厳しい自己分析を行って、自ら認識悟得《ごとく》せよ、と一斎はいっている。「本然の真己」とは、その人間の本来のものである。これに対して「軀殻の仮己」とは形の上の仮のもの――たとえば、服装とか、持ち物とか、財産とか、肩書きとかというようなものである。どうも世間では、これらの「軀殻《くかく》」のものを以《もっ》て、人を評価することが案外多い。ちょっと立派な服装をして、何々会社重役などという名刺でも示されると、その「仮己」にだまされてころりとまいる。が、実は自分に対してもそうなのである。

しかし、その「仮己」は要するに「仮己」で、やがてバケの皮がはがれる。私どもは「本然の真己」を認得せねばならぬ。それは火にも焼けず、水にも流されぬ「真宝」である。田や畑や、黄金や殿堂や、それらを宝と考えやすいが、こういうものは、泥棒に盗まれたり、火炎で焼けたり、案外頼りにならぬ「仮宝」である。

「真己」はこれらのものを産み出して行く根本力である。私どもはそれに気づいて、これを養い、これを磨き、これを堅持せねばならぬ。これのみが真己であり、真宝を産み出すが故にだ。

第2章　養生に関するもの

八十八の高齢まで生き、しかも最後まで『言志耋録《てつろく》』に見るような深き思索に生きて、いささかも「もうろく」せぬ心身の健康を保った佐藤一斎は、その養生にいかに意を用いたものか。しばらく彼の心身の養生に関する言をたずねてみることにしよう。

四　面《おもて》は冷に、背は暖に

面《おもて》は冷《れい》ならんことを欲《ほっ》し、背《せ》は暖《だん》ならんことを欲《ほっ》し、胸《むね》は虚《きょ》ならんことを欲《ほっ》し、腹《はら》は実《じつ》ならんことを欲《ほっ》す。（言志録　一九）

これは読んで字の通りであるが、それがなかなか出来ないのである。何事もない無事平穏の時はそれほどでもないが、少し大きい事にぶつかると、これと逆になる。試みに思え、これを読んでいい気になっている時、「火事だッ」という悲鳴が聞こえる。見ると隣の家が燃えている、という時、私どもはどうなるであろうか。カッとなって、忽《たちま》ちにして、面は熱くなり、背は冷たくなり、心臓が早鐘《はやがね》を打って胸が一ぱいになり、そして腹がペコンとなって力がぬける。一斎のいう「面冷、背暖」が忽ちにして「面暖、背冷」となり、「胸虚、腹実」が忽ちにして「胸実、腹虚」となるではあるまいか。

しかし一斎先生も「面《おもて》は冷《れい》ならんことを欲し……」といっているのだから、「そうありたい」と欲して（念願して）努力されたものであると思えば、私どももそう自分の至らないことだけを嘆《たん》ずることもあるまい。常にこうありたいと一生懸命努力修養して、それに近づくことである。（これが「憤《ふん》」である）〔五三頁参照〕

五　精神を背に棲《す》ましむ

人《ひと》の精神《せいしん》尽《ことごと》く面《おもて》に在《あ》れば、物《もの》を逐《お》ひて妄動《もうどう》することを免《まぬか》れず。須《すべか》らく精神《せいしん》を収《しゅう》斂《れん》して、これを背《せ》に棲《す》ましむべし。方《まさ》に能《よ》く其《そ》の身《み》を忘《わす》れて、身真《みしん》に吾《わ》が有《ゆう》と為《な》らん。（言志録　二〇）

「健康とは無意識なり」という。胃がわるければ胃を意識し、足を怪我すれば足を意識する。全身無病息災でどこもわるいところがない時には、身体に対して無意識である。「方《まさ》に能《よ》く其《そ》の身《み》を忘《わす》れて、身真《みしん》に吾《わ》が有《ゆう》と為《な》らん」とは、この健康の状態である。

それにはどうすればよいのか。「人《ひと》の精神《せいしん》尽《ことごと》く面《おもて》に在《あ》れば、物《もの》を逐《お》ひて妄動《もうどう》することを免《まぬか》れず」――われわれの精神が全部顔に来ると、かっとなって「のぼせあがる」状態になる。そうなると、精神を深く内に潜《ひそ》めて、じっくり落ち着くことが出来なくなり、ただ外に向かって、あれをどうしよう、これをどうしようと、外物に引きずり回され、それを追いかけて妄動（からまわり）するようになることを免《まぬか》れず、ついにノイローゼ的症状に陥って、健康をそこねるようになる。

そうならないためには、「須《すべか》らく精神《せいしん》を収斂《しゅうれん》して、これを背《せ》に棲《す》ましむべし」——やれ流行のズボンやスカートを、やれテレビを、やれ新型車を、やれクーラーを、そしてやれ登山に、海水浴に、そしてもてはやされる思想を、政策を、人気を……と、精神が面に来ると、こうした外物に引っ張り回され、精神が外にだけ向かって、自分がカラッポになる。それをグッと引きもどして、内に収斂して（おさめて）これを背中におくようにせよ、というのである。背中におくということは、前章からいうと、背と腹とにおいて、面と胸におくなということになるであろうが、この間の消息は、冷暖自知、日常の間に在って、自らの体験で知るべきことである。

六　心下痞塞《ひそく》

心下《しんか》痞塞《ひそく》すれば、百慮《ひゃくりょ》皆《みな》錯《あやま》る。（言志録　二一）

心下とは俗にいう「みぞおち」の部分である。そこが痞塞《ひそく》（つかえふさがる）すれば、すべての思慮判断が皆あやまって来る、というのである。これも身を以て体得すべきことであるが、試みにやってみるがよい。腹の力がぬけて、ペコンとなってしまうと、心下の部分が痞塞《ひそく》してくる。私どもは疲れたり、憂《うれ》えたり、うろたえ出したりする時などにこうしたことを経験するが、こんな時は、まず自分の調子を整えてからやることである。しかし実際になると、こういう時には、すでに血が頭に来ているのであるから、なかなかそうはいかない。そこでどうすればよいかとなるのであるが、佐藤一斎は次のようにいっている。

七　心下に数鍼《すうしん》

吾《われ》、まさに事《こと》を処《しょ》せんとす。必《かなら》ず先《ま》づ心下《しんか》に自《みずか》ら数鍼《すうしん》（鍼ははり）**を下《くだ》し、然《しか》る後《のち》に事《こと》に従《したが》ふ。**（言志録　二三）

前数章においては、精神のおきどころを説明的に説いているが、この章に来て「吾《われ》、まさに事《こと》を処《しょ》せんとす」と我自らの事について語っている。私はこの章に来て、一段と一斎先生に親しみと尊敬とを覚える。一斎先生は単なる知識の切り売りをする説教法師ではなかった。自ら苦修《くしゅ》した行者《ぎょうじゃ》でもあった。学者・教育者だけでなく、苦修者であったのだ。彼にも心下の痞塞を覚えることがあったのであろう。だからこそ「先《ま》づ心下《しんか》に自《みずか》ら数鍼《すうしん》を下《くだ》し、然《しか》る後《のち》に事《こと》に従《したが》ふ」といっているのだ。そこで一斎先生もそうであったかと思うと、私どもも……となるのだ。

では、「心下《しんか》に自《みずか》ら数鍼《すうしん》を下《くだ》し」とは一体どうすることなのか。私はふと思い出し

て、早速鍼灸の師蓮池五郎氏を訪ねて、このことを話して教を乞うた。すると蓮池先生は、

「佐藤一斎先生は、そこまでやっているのですか。その通りですよ。現在の医学、例えば東京教育大の杉靖三郎博士のいう、自律神経の緊張をほぐすという学説の如《ごと》きと一致しています。『心下』というのは要するにみずおち、の部分のことですが、疲労したり異常緊張したりすると、必ずここが痞塞して来るものです。私も患者の治療には大ていここを見ますが、ここが搗《つ》きたての餅のように軟らかになっているのがよいのです。一斎先生が自分でみずからそこに鍼《はり》をなさったということは大したことですよ」

という。これは私が先生の治療を受けながらのこと、ここは鳩尾《きゅうび》、ここは巨闕《こけつ》で、ここは上脘《じょうかん》、ここは中脘《ちゅうかん》と、実際に心下部の、経穴《つぼ》をおさえながら説明して下さったのであるが、なるほど、そこに数鍼を下してもらっていると、しこり（痞塞）がとれるのを覚える。

そして帰途に思ったのである。「古の学者は己れの為にし、今の学者は人の為にす」

と孔子もいっているが、やれ社会が悪い、政府が悪い、資本家が悪い、労働者が悪い、親が悪い、子が悪い、と他人《ひと》の非を挙げて、他人に鍼をすることだけを以《もっ》て能《よし》とせず、われわれは「先《ま》づ心下《しんか》に自《みずか》ら数鍼《すうしん》を下《くだ》し」自分自身の痞塞《しこり》を治《なお》すことから始めねばならぬのではないのかと。そして「汝自身を知れ」の神訓を、『言志録』を読みつつ新たに味わったである。

八　養気養体《ようきようたい》

凡《およ》そ生物《せいぶつ》は皆《みな》 養《やしない》に資《と》る。天生《てんしょう》じて、地《ち》これを養《やしな》ふ。人《ひと》は則《すなわ》ち地気《ちき》の精英《せいえい》なり。吾《わ》れ静坐《せいざ》して以《もっ》て気《き》を養《やしな》ひ、動行《どうこう》して以《もっ》て体《たい》を養《やしな》ひ、気体相資《きたいあいし》し、以《もっ》て此《こ》の生《せい》を養《やしな》はんと欲《ほっ》す。地《ち》に従《したが》ひて、天《てん》に事《つか》ふる所以《ゆえん》なり。（言志晩録　二七五）

生物はすべて栄養をとって生きて行く。生物の生命の根元は天によって与えられるが、これを養うのは地である。草木禽《そうもくきん》獣《じゅう》皆然《みなしか》りであるが、人はその最も精英なるものである。その精英なるものとして、その精英さを発揮するために、一斎先生は自ら次の二つの方途に心を用いている。

(1)　静坐して以て気を養い

(2)　動行して以て体を養う

この中「動行《どうこう》（運動）して以《もっ》て体《たい》を養《やしな》う」のは、現在ではスポーツや一万歩運動等で盛んに行われており、なかなか立派な身体をもつようになって来た。しかし一面、「最近の青少年の体軀《たいく》は大きくなったが、体力が弱い」といわれ、また「根性が足りない」といわれるのをみると、「静坐《せいざ》して以《もっ》て気《き》を養《やしな》ひ」ということをも重視せねばならぬであろう。そして最近の坐禅の流行等によって、このことが現に行われつつある。

九　心思を労せず

心思《しんし》を労《ろう》せず。労《ろう》せざるは是《こ》れ養生《ようじょう》なり。体軀《たいく》を労《ろう》す。労《ろう》するも亦養生《またようじょう》なり。

（言志晩録　二七七）

「心思《しんし》を労《ろう》せず」とは、端的にいえば
貪《どん》＝分を忘れて、あれも欲しい、これも欲しいと、不当の貪欲を起こす
瞋《しん》＝下らぬことにまで腹を立てる
痴《ち》＝理性がくらんで道ならぬことをする
の三毒に煩《わずら》わされぬことの如きである。正しいことを正しく考えることまでするなというのではない。
「体軀《たいく》を労《ろう》す」とは、暖衣飽食してごろごろしていずに、体力年齢に応じて勤労することである。心思は労せず、体軀は労す。これが養生法である、というのである。

一〇　晦《くれ》には宴息《えんそく》

「晦《くれ》に嚮《むか》へば宴息《えんそく》す」と。万物皆然《ばんぶつみなしか》り。故《ゆえ》に寝《しん》に就《つ》く時《とき》、宜《よろ》しくその懐《おもい》を空虚《くうきょ》に

し、以《もっ》て夜気《やき》を養《やしな》ふべし。然《しか》らずんば、枕上《ちんじょう》思惟《しい》し、夢寐《むび》安《やす》からじ。養生《ようじょう》に於《おい》て碍《さまたげ》となす。（言志晩録　二七八）

「晦《くれ》に嚮《むか》へば宴息《えんそく》す」は易経《えききょう》随卦《ずいけ》の辞《じ》。（宴息はくつろいでゆっくり休息すること）夜は物思わず、ぐっすり眠れ、というのである。王陽明の詩*にいう。

饑《う》え来って飯《はん》を喫《きっ》し、倦《あぐ》み来って眠る。
只《ただ》この修行、玄更《さら》に玄。
世人に説与するも更に信ぜず。
門に沿ひ、鉢を持《じ》して、貧児に倣《なら》ふ。

一一　吐呑《とどん》を慎む

口《くち》、吐呑《とどん》を慎《つつし》むも、亦養生《またようじょう》の一端《いったん》なり。（言志晩録　二七九）

口から吸ったり吐いたりする呼吸を、法にかなったようにするのも養生の一つである、というのだが、それは大したことだ。剣道でも、柔道でも、ランニングでも、呼吸が乱れて来ると駄目である。

一二　節の一字

養生《ようじょう》の工夫《くふう》は、節《せつ》の一字《いちじ》に在《あ》り。（言志晩録　二八〇）

よく竹の絵に「上下に節《ふし》あり」と賛してあるが、その人その人によって、上下に

「節度」があるものである。興に乗じて飲み過ぎ、食い過ぎ、遊び過ぎ、しゃべり過ぎ、何過ぎ、かに過ぎせぬこと。かといってまた恐怖症にかかって、食わな過ぎ、飲まな過ぎ、動かな過ぎ……も節の道ではない。

一三　薬《やく》餌《じ》

一飲一食《いちいんいっしょく》も須《すべか》らく看《み》て薬餌《やくじ》となすべし。孔子《こうし》は薑《きょう》を撤《てっ》せずして食《くら》ふ。多食《たしょく》せず。曽皙《そうせき》も亦羊棗《またようそう》を嗜《たしな》む。羊棗《ようそう》は大棗《たいそう》とは異《こと》なり。然《しか》れども亦薬食《またやくしょく》なり。聖賢恐《せいけんおそ》らくは口腹《こうふく》の嗜好《しこう》をなさざらむ。（言志晩録　二八一）

一杯の飲みもの、一椀の食いものも、これを薬とみて飲んだり食ったりすべきである。『論語』の郷党篇に孔子の食物のとり方について詳しく述べている章があるが、それを見ると、変敗しかけたもの、塩のきつ過ぎたものを食わぬとか、肉だけをあまり多く食わぬとか、いろいろ述べており、その中に薑《きょう》（しょうが）はお膳《ぜん》をさげた後でも、残しておいて食ったと記してある。またその門人の曽晳については、『孟子《もうし》』の尽心篇に「曽晳羊棗を嗜む」と記してある。

ところで、この「しょうが」とか「なつめ（洋棗）」とかいうものは、いずれも薬草なのである。「しょうが」は諸毒を解《け》すとされて、今でも肉の料理などに添えて用いられ、「なつめ」もまた薬用に供せられる。しかし薬となる食物はこれだけではない。梅干はセキリ菌やエキリ菌等に対して強度の殺菌力をもっており、茶は茶として、大根は大根として、にんじん、かぼちゃ、そして麦飯等々、皆薬餌《やくじ》である。禅宗《ぜんしゅう》の食事五観《ごかん》の偈《げ》*に「正に良薬を事とするは形枯《ぎょうこ》を療《りょう》ぜんが為《ため》なり」とあるのもこの故である。

聖賢はおそらく「口腹の嗜好」の奴《つぶね》となって、健康を害するような飲食はしなかったであろう。――さてわれわれは？

第3章　学道に関するもの

「学とは何か」といっても、それは「我とは何か」と同様、一言で定義を下せるようなものではない。『言志四録』の中から、そのよすがとなる幾章かを拾って味わうこととする。しかしそれも、こちらにそれをかみしめて味わい、それを咀嚼《そしゃく》吸収して、わがものとする能力――実はそうした体験――がなければならぬのであるが……。

一四　学と読書

学《がく》を為《な》す。故《ゆえ》に書《しょ》を読《よ》む。（言志録　一三）

学をなす、そのために書を読むのだ、というのである。何でもないことのようだが、これは驚きであろう。なぜなら現在では、書を読むことを以《もっ》て学問であると思っている人が多いからである。

ところが、一斎のいうところをよく味わうと、学＝読書ではないようである。「学」というのは、一つ次元の高い所のもので、その高峰に至《いた》るいくつかの登山道の中の一つとして「読書」ということがあると解される。だから書を読みさえすれば、それで学を為すものだとはならぬのである。では「学」とはそもそも何であろうか。

一五　孔子《こうし》の学

孔子《こうし》の学《がく》は、己《おのれ》を修《おさ》めて、以《もっ》て敬《けい》するより、百姓《ひゃくせい》を安《やす》んずるに至《いた》るまで、ただ是《こ》れ実事実学《じつじじつがく》なり。「四《よん》を以《もっ》て教《おし》ふ。文行忠信《ぶんこうちゅうしん》」(1)「雅《つね》に言《い》ふ所《ところ》は、詩書執礼《ししょしつらい》」(2)にて、必《かなら》ずしも耑《もっぱ》ら誦読《しょうどく》を事《こと》とするのみならざるなり。故《ゆえ》に当時《とうじ》の学者《がくしゃ》は、敏《びん》鈍《どん》の異《こと》なるありと雖《いえど》も、各々《おのおの》其《そ》の器《き》を成《な》せり。人《ひと》は皆学《みなまな》ぶべし。能《のう》と不能《ふのう》と無《な》き

なり。後世《こうせい》は則《すなわ》ち此《こ》の学墜《がくお》ちて芸《げい》の一途《いっと》に在《あ》り。博物《はくぶつ》にして多識《たしき》、一過《いっか》して誦《しょう》を成《な》す。芸《げい》なり。詞藻縦横《しそうじゅうおう》に、千言立《せんげんた》ちどころに下《くだ》る。尤《もっと》も芸《げい》なり。其《そ》の芸《げい》に墜《お》つるを以《もっ》て、故《ゆえ》に能《のう》と不能《ふのう》とあり。而《しこう》して学問始《がくもんはじ》めて行儀《ぎょうぎ》と離《はな》る。人《ひと》の言《げん》に曰《いわ》く、「某《ぼう》の人《ひと》は学問有《がくもんあ》りて行儀足《ぎょうぎた》らず。其《そ》の人《ひと》は行儀余《ぎょうぎあま》り有《あ》りて学問足《がくもんた》らず」と。孰《いず》れか学問余《がくもんあま》り有《あ》りて、行儀足《ぎょうぎた》らざる者《もの》あらんや。謬言《びゅうげん》と謂《い》ふべし。（言志後録四）

〔註〕

(1)『論語』述而篇《じゅつじへん》にあり。孔子は次の四つの事を以《もっ》て教えたと。

文＝書物を読むこと
行＝実行
忠＝己れの心を忠実（良心的）にする
信＝人に対して信義を守る

右をよく味わえば、「文」によって「知」を得、その得たる「知」を外に現して「行」とする。かくて文（知）と行とは一つになって「知行合一《ちこうごういつ》」となるべきであり、同様に己れを修めるための「忠」――忠実――が、人に対して「信」となり、忠信もまた内外一体となるべきである。だから分ければ四つとなるが、その本質においては不可分の一つなのである。私どもが真剣に生きる時の姿を、四つの観点からとらえたものである。

(2) 同じく『論語』述而篇にある孔子の語。「詩書執礼《ししょしつらい》」は、詩経《しきょう》と、書経《しょきょう》と、礼記《らいき》を学ぶことである。この中で「執礼」を味わうべきである。読礼（礼記を読む）といわずに、礼を執るといっている。「執る」とは、これを実践してわがものとすることである。

一斎のこの章を意訳すると、

「孔子の学は、己《おの》が身を修めて、良心的に生きる（敬する）ことから、百姓万民を安んずるに至ることまで、実際の事を処理するための実学である。孔子が、文行忠信の四つを以て門人を教え、また詩経・書経を読み、礼記に書する所を執り行うと言ったのを見ても、学問とは必ずしも書物を誦読《そらよみ》するだけのことではなかったのである。だからその当時の学ぶ人達は物覚えが早いとか遅いとかというちがいはあっても、各人その分に応じて、何らかの役に立つ人物になっている。学ぶということは、かように自己形成のための努力であるから、人間は誰でも学ぶべきであって、能とか不能とかいって居られるものではない。

ところが、後世になると、この学が低下して、芸を覚えるためとだけ考えるようになり、あれもこれも読みおぼえて、これをこともなげに暗誦するのを誇りとするようになったが、これは「学」ではなくて「芸」である。美文麗句を縦横に駆使して、千言万語《せんげんばんご》立ちどころに迸《ほとばし》り出るなどは、芸の最たるものである。学をこういう芸だと思うようになって来ると、そういうことの出来る人と、出来ない人が出て来るわけで、学が行と離れてしまい、『誰それは、学問が餘りあって実行が足りない。誰それは、実行が餘りあって学問が足りない』などというようになるが、孔子のいうような、知行合一の学ならば、学問が餘りあって、実行が足りないなどということはないはずで、こんなことをいうのは謬言（あやまった言）である。」

となるであろうが、これを要するに、学とは自己形成のための実学であって、外飾的な芸より一段と深いのものである。文を読んだり字を書いたりする読書作文を以て直ちに学としてはならぬ、ということである。

〔註〕「自己形成」——世間一般では「人間形成」というが、私どもは「自己形成」という語を用いている。人間形成というと、どこか客観性をもつ概念的な言葉となり、ともすれば、自己を疎外した「人づくり」のにおいをもち、役人や教師が「期待される人間像」や「道徳教育要項」を作るための努力の如く感ぜられるからである。眼を内に向けて、「おれのここを治すにはどうすればよいか」という、「己れの為にする」自己形成の願いに立つ時に、真に学ぼうという心が起こるのである。然らざる限り、道徳の学であろうと、宗教や哲学の学であろうと、それは「芸」となる。私どもが「我づくり」というのはこの故である。

《参考＝『二宮翁夜話』より》

学の本質についての一斎のこの説を、更に平明に説示したものに、『二宮翁夜話』の次の一章があるので、参考としてここに抄訳することとする。

家僕が芋《いも》の種を埋めて、その上に「芋種」と記した木札《きふだ》を立てた。それを見て二宮翁が、「君等は大道（真理）を文字の上にあるものと思い、文字のみを研究して、それを以て学問と思うのは間違いである。文字は道を伝える道具であって、道そのものではない。それを書物を読んで道を得ると思うのは間違いではないのか。道は書物にあるのではなく、行いにあるのだ。今あそこに立てた木札の文字を見たまえ。この札の文字によって芋種を掘り出し、それを畑に植えて作ればこそ食物となるのだ。道も同じく、目印の書物によって、真の道を求めて、それをわが身に行って、はじめて道を得るものである。そうでなければ『学問』とはいわれず、ただの『本読み』である」といった。

「学問」と「本読み」とをはっきりと区別し、これを木札の文字と、本物の芋種にたとえて、現物の前で説示しているあたり、いかにも二宮翁の面目躍如《めんもくやくじょ》たるものがあるではないか。

私は新入生達に「勤労とは何か」と聞いた。すると「はたらくこと」とか「勤め働くこと」とか、辞書を引きつついろいろと答える。私は許さない。毎日田圃《たんぼ》で実習し

つつ一カ月も過ぎた頃、畑掘りをしている所に行って、

「勤労とは何か」

と聞くと、仕事をしながら
「これ！」

と答えた。

「よし！」

私どもは、何事でも、「これ！」と答える本物をもちたいものである。それこそ本当の「学」の道であるからである。

一六　教《おしえ》と工夫

凡《およ》そ教《おしえ》は外《そと》よりして入《い》り、工夫《くふう》は内《うち》よりして出《い》づ。内《うち》よりして出《い》づるは、必《かなら》ずこれを外《そと》に験《ため》し、外《そと》よりして入《い》るは、当《まさ》にこれを内《うち》に原《たず》ぬべし。（言志後録　五）

一例をもってこの章を味わうこととする。『論語』の開巻第一章に「学んで時に之《これ》を習ふ。亦《また》説《よろこ》ばしからずや」というのがある。これを書物で読み、師より説き聞かされて、その意を知る。それが「教は外よりして入る」である。

初めて田植をやってみたが、なかなかうまく行かぬ。人の半分も仕事が出来ぬ。それに植えた後も不揃いで小言をいわれる。理論では一通り分かっていたつもりでも、実際はそうはゆかぬ。しかし三日四日と習《や》っている間に次第に上達して来て、やがては一人前になり、人からもほめられるようになって、心から悦ばしくなる。その間には人知れずいろいろの「工夫」が積まれているのであるが、それが「工夫は内よりして出づ」である。

この外よりの教と、内よりの工夫と、啐啄同機《さいたくどうき》でぴたりと合う時に「悦び」が生ずるのである。外より得た教だけでは、いくらもっていてもそれは借り物である。内よりの工夫だけでは、自分のものではあるけれども、それだけでは「よしのずいから天井のぞく」で狭い。そこで、内より出ずる所の工夫は、必ずこれを外よりの教によって験し、また外より入る教は、必ずこれを体験苦修《くしゅ》による自らの工夫によって自得して行くべきである、というのであるが、世の学者も実際家も、ともに省察《せいさつ》すべきことではないか。

一七　経書の注脚

経《けい》を読《よ》む時《とき》に方《あた》りては、須《すべか》らく我《わ》が遭《あ》ふ所《ところ》の人情事変《にんじょうじへん》を把《と》りて注脚《ちゅうきゃく》と做《な》すべし。事《こと》を処《しょ》する時《とき》に臨《のぞ》みては、須《すべか》らく倒《さかしま》に聖賢《せいけん》の言語《げんご》を把《と》りて注脚《ちゅうきゃく》と做《な》すべし。事理《じり》融会《ゆうえ》して、学問《がくもん》は日用《にちよう》を離《はな》れざる意思《いし》を見得《けんとく》するに庶《ちか》からん。（言志録　一四〇）

経書を読む時は、自分の体験する人間関係や、事実の動きを把《と》り来って、これを以て注釈の資料とせよ。逆に事を処理するには、経書の中の聖賢の語を把り来って判断の資料とせよ。此の如《ごと》くにして、はじめて事実と道理とが一つになり、学問が日常の生活と離れないものだということがわかるであろうと。

真剣に生き、真剣に学ぶものならば、何人もかくあるはずである。

第4章　志憤に関するもの

一八　憤《ふん》は進学の機関

憤《ふん》の一字《いちじ》は、是《こ》れ進学《しんがく》の機関《きかん》なり。「舜何人《しゅんなんぴと》ぞ、予何人《われなんぴと》ぞや」とは、方《まさ》に是《こ》れ憤《ふん》なり。（言志録　五）

進学の機関は「憤」の一字にありといっている。ここでいう進学とは、学問の道に進む、いうなれば学道への精進であって、現在使われている「進学」というのとは、文字は同じだが、内容は違う。現在の進学はその実、進校であって、上級の学校に入ることであるが、古の「学」とはそんな外形的のことではない。今では「入学」ということを軽々しくいうが、あれは「入門」もしくは「入校」程度のもので、「入学」「入徳」そして「入道」まで至ることは決してなまやさしいことではないのだ。その進学の機関が「憤」であるというのである。

では「憤」とは何か。孔子も「憤を発して食を忘る」といっているが、これは「志憤」と熟語にされるのを見てもわかるように、志（理想）に対して発する情熱である。噴火とか、噴水とかという時の、火を噴《ふ》く、水を噴く、と同様、心を噴《ふ》く——わが身《しん》命《めい》を賭《と》して実現しようとする志念に向かって迸《ほとばし》り出る、情熱の憤発である。その志念理想が高ければ高いほど、それに対する情熱の切なれば切なるほど、その「憤」もまた強くなる。そしてかえりみて現実の我の不足を痛感して、これを正し修めようとするところから学を求めるのである。孔子のいわゆる「憤を発して食を忘る」とは、この学への情熱である。

「舜何人ぞ、予《われ》何人ぞや」、それは孔子の第一の高弟顔淵《がんえん》の憤発の言葉である。舜といえば、尭舜《ぎょうしゅん》と並び称せられる中国の聖人である。しかも舜は幼かりし日には、田舎の貧家に、無学の父と、邪見な継母との間に苦患の日を送りつつ修養に努め、ついに尭帝の知る所となり、天子の位を譲られた人である。その聖人舜に対して「舜何人ぞ、予何人ぞや」――舜も人なり、予も人なり。学び修めてやまざればおれだって舜の如《ごと》くになれないことはない――これが顔回の「憤」であるが、こうした「憤」こそが、学道に進ませる機関である、というのである。ボーイズ・ビー・アンビシャスの古代版ともいわれよう。

顧《かえり》みて今日の学徒の志憤、果たして如何《いかん》。

〔附〕　最近「期待される人間像」とか「教師像」とかいうことが大きく取り上げられているが、それを見ると片々たる人間理論や教師理論ではないのか。熱烈な宗教信者のように、観音菩薩なり、阿弥陀如来なりを絵画や彫刻に具象化し、日夜これを守り本尊として肌身を離さぬ処まで来てこそ「像」であり、ここまで来てこそ「憤を発す」となるであろう。ここにも客観的の「人づくり」はあるが、真剣な「我づくり」を忘れてはいまいか。

一九　立志の功

立志《りっし》の功《こう》は、恥《はじ》を知《し》るを以《もっ》て要《よう》となす。（言志録　七）

志は、いうなれば我の描く理想像である。登山者の仰ぐ山頂である。それに対する、実行的情熱が「憤」である。その憤が強ければ強いほど、かえりみて現実の自己の足りなさ、低さにおののく。これが「恥」である。

ところが、志の立たないもの、志の低いものには、この恥がない。おれはこれでよいのだと己惚《うぬぼ》れている。この恥を知らないことこそが、実は最大の恥なのである。一斎はまた「恥を知れば、則《すなわ》ち恥無し」（言志晩録　二四〇）といっており、「学記」*にも「学んで而《しか》して足らざるを知る」とあるなどを見れば、人間は自《みずか》らの足らざるを知って、これを心から恥じるようになることこそが、志ある者の尊い態度であるといわれよう。

以下数章、これに関連するものを拾ってみよう。

二〇　志を責《せ》む

人《ひと》を教《おし》ふる者《もの》、要《よう》は須《すべか》らくその志《こころざし》を責《せ》むべし。聒聒《かつかつ》として口《くち》に騰《のぼ》すとも、益無《えきな》きなり。（言志録　一八四）

何とかして入学試験に合格して、就職が決定すれば、それで安心。あとは定年まで無難に過ごして……というだけでは志が小さい。実業界に入るにしても「松下幸之助何人ぞや、われ何人ぞや」くらいの憤を発してもらいたいものである。

いわんや農家の後継者は自家経営に当たるもので、他人から使われる使用人となるのではない。大なり小なり一家一城の主となるのだ。しかも親の名をはずかしめない、いや親以上の、いや村一番の、県一番の、国第一等の農家をつくり、そして郷土の自治のためにも尽くすに足る人となるのだ。

汝《なんじ》はたしてこの志を有するや。責むべきはこの志である。それを忘れて徒《いたず》らに、やれ勉強が足りぬ、やれ仕事を怠るな、やれ無駄金を使うな……と、うるさくやかましく（聒々として）怒鳴りちらす（口に騰す）のみでは無益である、というのである。「人を教ふる者、須らく其の志を責むべし……」と。師たる者、親たる者の深省《しんせい》すべきことであり、同時にまた、学ぶ者も「学ぶ者、須らく自らその志を検《けん》すべし」とあるべきである。

二一　学と立志

学《がく》は立志《りっし》より要《よう》なるはなし。而《しこう》して立志《りっし》も亦之《またこれ》を強《し》ふるに非《あら》ず。只本心《ただほんしん》の好《この》む所《ところ》に従《したが》ふのみ。（言志録　六）

「立志」とは何か。志を確立することである。今日はやる気になったが、明日はぐにゃりというようでは「志を立てた」とはいえぬ。その事の為には一生のすべてを懸《か》けてやり抜く――その一生懸命の努力の継続――それが「立志」である。大聖孔子の生涯も「吾れ十有五にして学に志す」から始まるといえよう。

そしてその立志は、外部より強いるものでなく、自己の本心より発したものでなくてはならぬ。この「立志」こそが「学」の原動力であり、その志さえ立てば、学ばずにはおれなくなるものである。教学の要はこの志を立てしめることである。そしてそれは、志を立てて精進している師友の恩益によることが大きい。かえりみて今日の学生に果たして「学に志す」もの幾人かある。学を廃して暴走する、またうべなるかなではないか。

第5章　酒に関するもの

正月には酒はつきもの。ずいぶんその体験も積まれることと思うので、この辺で一つ佐藤一斎先生の酒に対する所見をきくこととしよう。

二一　酒は穀気《こくき》の精

酒《さけ》は穀気《こくき》の精《せい》なり。微飲《びいん》すれば以《もっ》て生《せい》を養《やしな》ふべし。過飲《かいん》して狂酗《きょうく》に至《いた》るは、是《こ》れ薬《くすり》に因《よ》って病《やまい》を発《はっ》するなり。人参《にんじん》、附子《ふし》、巴豆《はず》、大黄《だいおう》の類《たぐい》の如《ごと》きも、多《おお》くこれを服《ふく》すれば、必《かなら》ず瞑眩《めいげん》を致《いた》す。酒《さけ》を飲《の》んで狂《くる》ひを発《おこ》すも亦猶此《またなおか》くのごとし。（言

志録　五四）

一斎先生は「酒は穀物の精（エッセンス）である。だから、これを微飲すれば養生になる」といっているが、「微飲」の二字、味わえば妙。若山牧水の「白玉の歯にしみとほる秋の夜の酒はしづかに飲むべかりけり」の歌を思わせるものがある。そして、「飲み過ごして狂いをおこすのは、薬によって病を発するもので、それは漢方薬として用いる『にんじん』や『ふし』『はず』『だいおう』等と同じで、このような薬種でも、分量を過ごして多量に飲むと、必ずめまいを起こすようなもので、酒を飲んで狂いを起こすのも、このようなものである」といっているが、酒酔い運転による自動車事故にまのあたりこれを見るではないか。

安岡正篤先生は酒が好きである。飲むというより好きだと申しあげた方がよいであろうが、ある時、盃《さかずき》を手にしつつ、

「上戸《じょうご》は酒の毒なるを知らず、下戸《げこ》は酒の薬なるを知らず、とは名言だね」

とささやかれたのを思い起こす。

二三　二つの用

酒《さけ》の用《よう》に二《ふた》つあり。鬼神《きしん》は気有《きあ》りて形無《かたちな》し。故《ゆえ》に気《き》の精《せい》なるものを以《もっ》て之《これ》を聚《あつ》む。老人《ろうじん》は気衰《きおとろ》ふ。故《ゆえ》に亦気《またき》の精《せい》なるものを以《もっ》て之《これ》を養《やしな》ふ。少壮《しょうそう》にして気盛《きせい》なる人《ひと》のごときは、まさに以《もっ》て病《やまい》を致《いた》すに足《た》るのみ。（言志録　五五）

酒の用――用という字には、作用という時の「はたらき」という意味と、用途などいう時の「もちいる」という意味と、二つの意味がある。しかし何でも、「はたらき」があるから「もちいられる」ので、この二つの意味は、本質においては一つである。だからここで「酒の用」というのは、酒には二つの「はたらき」があるから、次の場合に「もちいられる」ということになる。

㈠御神酒《おみき》として。

㈡老衰者の栄養剤として。

まず㈠の御神酒としての酒。文中の鬼神とはオニガミではない。祖先の霊を「鬼《き》」といい、天地山川の神を「神《しん》」というので、日本語でいうと「かみ・ほとけ」ともいうべきもの。これを一語でいえば「かみ」である。その神は「気ありて形なし」であるから、その気をあつめるために御神酒として用いるというのであるが、たしかにあの神前でカワラケに注がれる黄金《こがね》色の御神酒は、その霊験があらたかである。

酒は御神酒として飲めなどというと、ほんのなめるぐらいしか飲むな、というようにとられるかも知れぬが、必ずしもそうとは限るまい。大きい神社となると、こもかぶりの四斗樽《しとだる》の御神酒がずらりと重ねられていて、そんなケチなものではない。

神社の祭典の行事は、⑴祭礼　⑵直会《なおらい》　⑶風流《ふりゅう》の三つからなるものだという。祭礼で神前に供えた酒や肴《さかな》を頂いて、席を直して会食するのが「直会」である。その直会で飲食しあって愉快になり、歌ったり踊ったりする。いうなれば祭典の余興が「風流」なのである。だから、神と人との気を一つに聚《あつ》めて、そこまで至らしめるのが直会であり、御神酒の力であるともいえるであろう。一杯と限らず、二杯三杯、五六杯……。その人によって神ながらに飲むこそよけれである。

次に㈡の老衰者（老人や衰弱者）の栄養剤としての酒。それもニンニク酒、クコ酒、シャクナゲ酒等の栄養酒として用いれば、一層効果が大となるであろう。

そして一斎先生は「少壮にして気盛なる人」がやたらに酒を飲むと、病を致すもととなるといっているが、これは肉体的の病をさしてのみのことではない。それを次章に見よう。

二四　惰《だ》と奢《しゃ》

勤《きん》の反《はん》を惰《だ》となし、倹《けん》の反《はん》を奢《しゃ》となす。余《よ》思《おも》ふに、酒《さけ》能《よ》く人《ひと》をして惰《だ》を生《しょう》ぜしめ、又人《またひと》をして奢《しゃ》を長《ちょう》ぜしむ。勤倹《きんけん》以《もっ》て家《いえ》を興《おこ》すべければ、惰奢《だしゃ》以《もっ》て家《いえ》を亡《ほろぼ》すに足《た》る。蓋《けだ》し酒《さけ》これが媒《なかだち》をなすなり。（言志録　五六）

勤の反対は惰（なまける）であり、倹の反対は奢《しゃ》（おごる）である。勤倹でこそ家を興すべきなのに、その反対の惰奢（なまけて勤めず、そして金遣いが荒くなる）となれば、家を亡ぼすに不足はないが、酒はその媒介をなすものだ、というのである。

酒を過ごすと、胃かいようとか、高血圧とかという肉体的の病の原因となることは、すでに明らかにされている所であるが、それのみではなく、精神的道徳的にも種々の病を生ずるのである。

しかし、それは適量を過ごした場合のこと。御神酒として頂戴すれば、気を聚《あつ》めて元気を振い起こさせ、また栄養剤としてこれを用いれば、老衰を防ぐことが出来る。

いつか、どこかで見た茶掛け――。徳利と盃《さかずき》を描いた俳画に、

世の中は澄むと濁るの違ひにてとくともなればどくともなるなり

と賛してあったが、「とく」（徳）が濁れば「どく」（毒）となるとは、酒の用の両面を言い得て妙である。――酒だけではなく、実はすべてにおいてだが――

〔附〕かつては飲んだが、今は飲めない私には、酒に関していう資格はないのかも知れぬが、しかし両面がわかるような気もして、一斎先生の言を味わうわけです。

第6章　名に関するもの

「名」――名声・評判・肩書等――は、一応は誰しも気にするものであるが、このことについての一斎の所見を拾ってみよう。

二五　名を求むるは非

名《な》を求《もと》むるに心《こころ》あるは、固《もと》より非《ひ》なり。名《な》を避《さ》くるに心《こころ》あるも、亦《また》非《ひ》なり。（言志録　二五）

少しく心ある人ならば「名を求むるに心あるは固より非なり」はわかることである。しかし、だからといって、二言目には「私がこうしてやっているのは、金や名誉のためではありません」などというのもきざなものである。こういう人は、腹の中では「あの人は名を求めない人だ」という名を求めているからではないのか。「名を避くるに心あるも亦非なり」である。ではどうあるべきだろうか。

二六　天に事《つか》うる心

凡《およ》そ事《こと》を作《な》すには、須《すべか》らく天《てん》に事《つか》ふるの心《こころ》あるを要《よう》すべし。人《ひと》に示《しめ》すの念《ねん》あるを要《よう》せず。（言志録　三）

「人に示すの念あるを要せず」がピンと来るではないか。西郷南洲翁は、これを「人を相手にせず、天を相手にせよ」といっている。特に政治や教育などはこうありたいものだが、とかく人に示さなければ、票が集まらず。人に示さなければ、学校の成績が認められないのが現状である。示そうとする方にも反省の余地があるが、そうしなければ認めることが出来ぬ方にも、その低さを恥ずべきものがある。以上の二章は、言志録の中にある一斎の四十代の心記で、どちらかというと、実と名を対立的に見るものがあるともいえる。しかるに、晩年になって来ると、多少調子が変わって来るのを見る。

二七　名利は厭《いと》うべきに非《あら》ず

名《な》の干《もと》めずして来《きた》るものは、実《じつ》なり。利《り》の貪《むさぼ》らずして至《いた》るものは、義《ぎ》なり。名利《めいり》は厭《いと》ふべきに非《あら》ず。ただ干《もと》むると、貪《むさぼ》るとをこれ病《やまい》となすのみ。（言志耋録　二〇五）

名は強いてもとめるのではないが、自然に来るのは、その人に、その実があるからである。同様に、貪り取らずして、自然に来る利は、その人に、それだけの義がある——なすべきことをなした——からである。だから名や利がわるいのではない。ただそれを強いて求め、強いて貪ることが道の病である、というのである。

二八　名は実の賓《ひん》

人皆謂《ひとみない》ふ。「実重《じつおも》くして、名軽《なかろ》し」と。固《もと》より然《しか》り。然《しか》れども名も亦容易《またようい》ならず。其《そ》の実《じつ》の賓《ひん》たるを以《もっ》てなり。賓《ひん》、賢《けん》なれば、則《すなわ》ち主《しゅ》の賢《けん》たること推《お》すべし。（言志耋録　二〇六）

「実績、実功こそ重んずべきで、名などは軽んずべきものである」と、よく世人はいうが、名を得るということも、容易なことではない。「名は実の賓なり」——名は実という主人に来る賓客である——というが、訪ねて来る客が賢人なのは、その主人も亦賢人だからであり、一概に名を軽んずべきではない。

二九　名を与えて実を責《せ》む

名《な》を好《この》むの士《し》は、全《まった》く取《と》るべからず。また全《まった》く舎《す》つべからず。名《な》を好《この》む。故《ゆえ》に外《ほか》其《そ》の美《び》を飾《かざ》る。我《われ》は宜《よろ》しく姑《しばら》く其《そ》の名《な》を与《あた》へて、以《もっ》て其《そ》の実《じつ》を責《せ》むべし。（言志耋録　二〇八）

名を欲しがる人には、名を与えて、それに相応する実績を挙げるように責めた方がよい。

三〇　毀誉ともに益

名《な》有《あ》る者《もの》は、其《そ》の名《な》に誇《ほこ》ること勿《なか》れ。宜《よろ》しく名《な》に副《そ》ふ所以《ゆえん》を勗《つと》むべし。毀《そしり》を承《う》くる者《もの》は、其《そ》の毀《そしり》を避《さ》くること勿《なか》れ。宜《よろ》しく自《みずか》ら毀《そしり》を来《きた》す所以《ゆえん》を求《もと》むべし。是《かく》の如《ごと》

く功《こう》を著《つ》けなば、毀誉《きよ》並《ならび》に我《われ》に於《おい》て益《えき》あり。（言志耋録　二一一）

肩書や位勲など、自然に来る「名」はそれを受けて、それに副《そ》うように努力するがよい。反対に毀（そしり）を受けたなら、その由って来るゆえんを探求して、それを除くよう努力することだ。こうすると毀（そしり）も、誉（ほまれ）も両《ふた》つながら「我づくり」の益となる。

三一　自《おの》ずから来《きた》るに任《まか》す

虚名《きょめい》を衒《てら》ひて、以《もっ》て実《じつ》となすことなかれ。当《まさ》に実名《じつめい》を謝《しゃ》して、以《もっ》て虚《きょ》となすべし。実名《じつめい》を謝《しゃ》して、以《もっ》て虚《きょ》となすことなかれ。当《まさ》に虚実《きょじつ》両《ふた》つながら忘《わす》れて、以《もっ》て自《おの》づから来《きた》るに任《まか》すべし。（言志耋録　二一二）

それほどの実のないのに、名だけ高まることがある。その虚名に酔うて実名とうぬぼれてはならぬ。それよりは、むしろ実名までも、これを謝辞して、虚名とするがよい。いや、しかしそれもいかぬ。それよりは実名か、虚名か、などいうことは、両方とも忘れてしまって、ただひたすらに実を尽くすのみで、名は来るに任せてよいものである。

こうなると、「有」と「無」の対立から「空」の絶対界に入る。

第7章　敬に関するもの

私は「愛敬」を生活原理とし、時あって道友にもこれを告げる。しかるに「愛」はわかるが、「敬」となるとなかなかわかりにくい。そこで言志録の中からこれに関するものを拾い、語録の味読としてはいささか過ぎたる嫌いがあるが、次の如く論説的講究を試みた次第である。思うに、人間感情には「憎」「愛」「敬」の三段階があり、そして現時の世相には余りにも「憎」が多い。戦後二十余年、ようやく「愛」にたどりつきつつあるが、まだ「敬」までには至らぬ。私どもは「敬」し合うところまで行きたいものと念じている。

三二　敬すれば精明

敬《けい》すれば則《すなわ》ち心《こころ》精明《せいめい》なり。（言志録　一五七）

〔註〕　精明＝「精」は雑の反対で、まじりけのない純粋な状態。
「明」は不明の反対で、是非曲直を明らかに判断する作用。

われわれが「敬」であれば、われわれの心は精明で、純粋無雑、明鏡の如くである。一切の言動は、要するにわが心から発する。だから、心が精明であれば一切の言動が精明である。そして、その心を精明ならしめる根源が「敬」なのである。

では「敬」とは何か。私はこれを「良心的」という語に訳したいと思うが、その理由を左に述べることとする。

漢字の「敬」の字を、日本語に訳して

(1)　たかし

(2)　うやまう
(3)　つつしむ
(4)　いましむ

等と訓じているが、この(1)の「たかし」の意を基本として、敬の意義を探求してみることにする。

(イ)　他に対する敬

敬とは、高いものに対していだく感情である。幼子が親を高いものと思う。だから親に対してこれを敬する。神仏を信仰する信者が、神仏を敬するのは、神仏を自分よりも高いもの、絶対なるものとして、これを仰ぐからである。尊敬する師長に対して、これを敬するのも同じことである。この場合の敬は(2)の「うやまう」の意である。

しかし「敬」とは必ずしも目上や年上の者に対してのみのものではない。たとえ目下であろうと、年下であろうと、その中に高いものを発見して、これに対する道である。中江藤樹《なかえとうじゅ》が『孝経啓蒙《こうきょうけいもう》』の中で「侮《あなど》り軽んぜざる」を敬というと説いているが、親が子に対しても、師が弟に対しても上司が部下に対しても、愛と共に敬が存してこそよくむすばれるのである。『孝経』にいう「孝」とは要するに相互に愛敬し合うことによってむすばれるこの道をいうのである。

右のような場合は、いずれかというと対他的の関係に於てであって、敬する対象が自己の外にあるのである。世間一般に於ては、この意味に於て用いられることが多く、「尊敬」とか「崇敬」とかという熟語として用いられる。

(ロ) 我に対する敬

しかし、他を敬するという心は、実は我自身に於て高きものを求める心があるからである。現状の我にあきたらず、より高き我たらんとする求道心があるからである。現状に満足している者は、敢えて高きを求めず、むしろ低きを求めて、安易の道を下る。自《みずか》ら高きを求むるが故に、高きを仰ぐのである。

では、自己の中の高きものとは何か。また低きものとは何か。このことについては、古来いろいろの名称を以て呼ばれてきたが、その代表的なものを挙げてみよう。

良心――慾心《よくしん》

理性――物慾

神性――獣心

仏性――煩悩《ぼんのう》

道心――妄念《もうねん》

等々がこれである。これらの中から、私は高きを求むる心を、「良心」を以て代表させ、「良心的」態度を以て、「敬」と解する。私どもが常に「良心的」に生きようとする「敬虔《けいけん》」な態度――これを道徳的態度とも、宗教的態度ともいい得るであろうが、その敬虔なる態度――を(3)の「つつしむ」とか、(4)の「いましむ」とかいうのである。言志録中の次の章がそれである。

三三　敬は百邪《ひゃくじゃ》に勝つ

敬能《けいよ》く妄念《もうねん》を截断《せつだん》す。昔人云《せきじんい》ふ。「敬《けい》は百邪《ひゃくじゃ》に勝《か》つ」と。百邪《ひゃくじゃ》の来《きた》るには、必《かなら》ず妄念有《もうねんあ》りて之《これ》が先導《せんどう》をなす。（言志録　一五五）

「敬は百邪に勝つ」と。私どもが「良心的」になり、「敬」に徹する時は、百邪に負けるものではない。

三四　己《おの》れを修むるに敬

己《おの》れを修《おさ》むるに敬《けい》を以《もっ》てして、以《もっ》て人《ひと》を安《やす》んじ、以《もっ》て百姓《ひゃくせい》を安《やす》んずるは、一《いっ》に是《こ》れ天心《てんしん》の流注《りゅうちゅう》なり。（言志録　一五八）

この章を一読すれば、「敬」は明らかに己を修むる「良心的」の努力であることがわかる。そして、これがあってこそ人を敬することも出来るのである。そしてまた、それは「天心の流注」——神の心が、われわれ人間に流れ注がれたもの——なのであり、それが「良心」なのである。我を敬するとは、この良心的の我——理性我——を敬するのである。道元禅師が

「此の一日の身命は尊ぶべき身命なり。貴ぶべき形骸なり。この行持＊あらん身心、自《みずか》らも愛すべし、自らも敬ふべし」

といったのも、この消息を伝えたものであろう。

この辺で、古典の中から「敬」に関連ある句を引いて参考としよう。

○「修己以敬」——己れを修むるに敬を以てす。（礼記）

○「君子無不敬也。敬身為大」——君子は敬せざるなし。身を敬するを大となす。（礼記）

○「敬以直内。義以方外」——敬以て内を直にし、義以て外を方にす。（易経、文言伝）

○敬具、敬白等も、つつしんで申すの意である。

これらによって見るも、「敬」とは他人を尊敬する。「うやまう」というだけのものではなく、己れを「つつしむ」の意をもつものであることが理解出来るであろう。

(ハ) 事に対する敬

以上、人に対する敬、我における敬について述べ、これを畢竟《ひっきょう》するに、我自身が「敬」に生きる良心的な人であって、はじめて人を敬することが出来ることを知ったのであるが、敬は我とか人とかいう人間関係の徳のみにとどまるものではなく、事（仕事）に対してもまた存するのである。

『論語』学而篇《がくじへん》に次の一章がある。

「子曰く、千乗《せんじょう》の国を道《をさ》むるには、事を敬して信、用を節して人を愛し、民を使ふに時を以《もっ》てす」

「事を敬す」とは、事を処理するに軽率にしないこと、換言すれば事を良心的に処理することである。また季氏篇《きしへん》に、

「孔子曰く、君子に九思あり。視るには明を思ひ、聴くには聡を思ひ、色（顔色）には温を思ひ、貌《かたち》には恭を思ひ、言には忠を思ひ、事には敬を思ひ、疑には問を思ひ、忿《いかり》には難を思ひ、得るを見ては義を思ふ」

とあるが、ここでも「事には敬ならんことを思ふ」ことを教えているが、これらを見ても、「敬」とは対人関係の徳だけではなく、仕事の対象に対しても、良心的に、大事に処理すべきであることを示したものであることがわかるであろう。

三五　愛敬の心

愛敬《あいけい》の心《こころ》は、即《すなわ》ち天地《てんち》生々《せいせい》の心《こころ》なり。草木《そうもく》を樹芸《じゅげい》し、禽蟲《きんちゅう》を飼養《しよう》するも、亦唯《またただ》此《こ》の心《こころ》の推《すい》なり。（言志晩録　一八八）

愛はもちろん尊い。しかし愛だけではまだ足りぬ。敬まで行かねば、草木も禽獣も育てられぬ。――「補説」（二五七～二〇八頁）を参照せられたい。

第8章　言語に関するもの

「文は人なり」というが、言語も要はその人である。我づくりの資として「もの言う心得」を拾う。

三六　聴くは多く、言うは少なく

人《ひと》の言《げん》を聴《き》くことは、則《すなわ》ち多《おお》きを厭《いと》はず。賢不肖《けんふしょう》となく皆資益《みなしえき》あり。自《みずか》ら言《い》ふことは、則《すなわ》ち多《おお》きことなかれ。多《おお》ければ則《すなわ》ち口過《こうか》あり。又或《またあるい》は人《ひと》を誤《あやま》る。（言志耋録　一九一）

〔註〕　口過＝口のあやまち、言葉の上のしくじり。

この章を味わうに当たって、次の孔子の語が思い浮かぶ。それは「三人で行えば必ずわが師がある。自分より善なる者を択《えら》んでは、これに従い、不善なる者を見ては、そうならぬように自らを改める」というのである。

こういう態度を以《もっ》てすれば、相手の賢愚の別を問わず、なるべく多くの人の言を聴くことがためになるのである。（しかしそれには、相手のいうことをよく聴くこと。そして心の中でその善悪を判別して聴きわける力がなければならぬ。）

これに反して、自分はあまり多く言わぬ方がよい。しくじり（口過）を出すことがあり、あるいは人を誤らせることがあるからである。

三七　時中《じちゅう》の言

言語《げんご》の道《みち》、必《かなら》ずしも多寡《たか》を問《と》はず、只《ただ》時中《じちゅう》を要《よう》す。然《しか》る後人《のちひと》その言《げん》を厭《いと》はず。

〔註〕時中＝『中庸《ちゅうよう》』に「君子の中庸は、君子にして時に中す」と。その時その時にぴたりと的中することである。この場合、「中」を「あたる」と訓《よ》む。

前章を一読すると、言葉は少ない方がよいと聞こえるが、そんなことではない。言語は必ずしもその量の多い寡《すくな》いが問題ではなく、ただその言が、その時・その場に、ぴたりと中《あた》るような時中の言であるかどうかということが肝心なのである。時中の言にして、人もまたそれを喜んで聴くのである。

会合の席などでも、その場にさまで関係のないようなことを、いかにも物知り顔にべちゃべちゃしゃべり出す人があるものだが、しまいには誰も聞かなくなる。願わくは「時中の言」を発したいものである。

三八　多言の人、寡黙《かもく》の人

多言《たげん》の人《ひと》は浮躁《ふそう》なり。或《あるい》は人《ひと》を枉《ま》ぐ。寡黙《かもく》の人《ひと》は測《はか》り難《がた》し。或《あるい》は人《ひと》を探《さぐ》る。故《ゆえ》に「其《そ》の言《げん》を察《さっ》して、其《そ》の色《いろ》を観《み》る」とは交際《こうさい》の要《よう》なり。（言志耋録　一九三）

〔註〕浮躁＝がさつく。おっちょこちょい。
寡黙＝言葉が寡《すくな》く黙っている。

ものに過不及《かふきゅう》あるはやむを得ないが、言語においてもまたしかりで、多言の人はとかくおっちょこちょいで、がさついており、相手の気持ちなどおかまいなしにペラペラしゃべりまくるので、時には人のつむじを枉《ま》げさせるようなことがある。これに反して、むっつり屋（寡黙の人）は、相手からいうと、なかなかその心中が測り難いものがあり、ああだろうか、こうだろうかと、お互いに腹の探り合いになることもあるものだ。だから『論語』にも「その人の言葉の意味をよく察し、その顔色を見て、謙虚に人に対すれば、その人のいうことは、邦《くに》に在っても必ず達し、家に在っても必ず達せられる。」（顔淵篇《がんえんへん》）とあるが、これは交際の要訣である。

三九　己《おの》れに在るものを語る

古《いにしえ》の学者《がくしゃ》は己《おの》れの為《ため》にす。故《ゆえ》に其《そ》の言《げん》も亦固《またも》と己《おの》れの為《ため》にし、又其《またそ》の己《おの》れに在《あ》るものを以《もっ》て、之《こ》れを人《ひと》に語《かた》るのみ。之《こ》れを強《し》ふるにあらず。今《いま》の立言者《りつげんしゃ》は之《こ》れに反《はん》す。（言志耋録　一九四）

〔註〕　古の学者＝『論語』憲問篇《けんもんへん》「古の学者は己れの為にし、今の学者は人の為にす」

人と語る場合、ともすると博学を誇り、卓見を示そうとしたがるが、これはつつしむべきである。孔子も「古の本当に学んだ人達は、己れを修めるために学んだものだが、どうも今の人々は、人に示すために学ぶ」と嘆じているが、これは現代でも同様で、試験官に示して点数を取るため、学生に示す講義のノートをつくるため、大衆に示して売れる本を書くため、選挙民に示して票を集めるため等々、人の為にする学問が多い。もっと己れ自身を修めるための学問があってよいであろう。

したがって人と語るにも、本当に己れのものになったものを語るべきであって、強いて誇張して人に示そうとすべきではない。孔子の言を敷衍《ふえん》すると、こういうことになるであろうが、どうも今の立言者（自説を立てて説きまくる者）はこれに反する、と一斎はいっている。しかし、いくら自分ものになったものでも、時も、処《ところ》も、相手も考えず、どこへ行っても、馬鹿の一つ覚えで、その事だけをまくし立てるというのでは、「時中の言」とはいえず、言語の道ではあるまい。

四〇　終日言いて口過《こうか》なし

簡黙沈静《かんもくちんせい》は、君子《くんし》固《もと》と宜《よろ》しく然《しか》るべきなり。ただ当《まさ》に言《い》ふべくして言《い》はずば、木《もく》偶《ぐう》と奚《なん》ぞ択《えら》ばん。故《ゆえ》に君子《くんし》は時《とき》有《あ》りては、終日言《しゅうじつい》ひて口過無《こうかな》く、言《い》はざると同《おな》じ。要《よう》は心声《しんせい》の人《ひと》に感《かん》ずるに在《あ》るのみ。（言志耋録　一九五）

〔註〕簡黙＝簡は「はぶく」。簡黙は言葉を簡潔にして要らぬことをしゃべらぬこと。心声＝誠心よりの言葉。（世間には道聴《どうちょう》途説《とせつ》的＊の言葉が多く、心声に接することは案外に少ない。）

簡黙沈静――静かに落ち着いて、要らぬことを言わぬ――ということは、もとより君子の態度であろうが、だからといって、言うべき場合に臨んでも言わないのでは、木偶《でく》と違わぬであろう。故に君子は必要な時には、終日言っても口過なし、といった

ところがあるべきである。なぜならそれは言うべからざる時の沈黙と同じものだから
である。要はそれが人に感通する誠心よりの言であるか否かである。

○

以上、もの言う心得を拾ってみたが、要は語るか、黙するか、の問題ではなくて、
その奥が問題なのである。『菜根譚《さいこんたん》』*に

「淵黙而雷声」——淵黙して雷声す。

という語があるが、淵黙と雷声を「而《しか》して」で結んで居り、「淵黙か、雷声か」では
ないのだ。「淵黙して雷声す」とは淵黙の中に雷声あり、雷声の中に淵黙ありなので、
淵雷一如《いちにょ》、黙声一如、要はその奥なるものなのである。（「如」とはこの奥なるものを
いう）となると、言語の道も、単なる方法論ではなくして「我づくり」の本質論にま
で参入せねばならぬことをさとるべきである。

四一　一芸の士の言

一芸《いちげい》の士《し》は、皆語《みなかた》るべし。（言志録　六一）

何でも一芸に秀でている人ならば、皆共に語ることが出来るであろう。これを裏返しにいえば、その人の語る処から、我を益することを聞くことが出来るであろう――というのである。これはたしかにその通りである。で、この事で思い浮かぶのが、柳《りゅう》宗元《そうげん》の「種樹郭橐駝伝《しゅじゅかくたくだでん》」（植木屋のらくだじじい伝）である。

参考としてその大意を紹介することにしよう。

○

郭橐駝《かくたくだ》は始め何という名であったかわからない。くる病を病んで、せぐくまって歩く恰好が駱駝《らくだ》に似ているので、人が皆「らくだ、らくだ」と呼んだ。これを聞いて彼は、それは面白い。なるほどよく当たっているといって、自らも左様名のっていたということである。彼の住む郷《さと》を豊楽郷といい、都（長安）の西にある。そこで彼は植木屋を営んで居った。ところが長安の金持ちや菓物商人らで彼を珍重せぬものはなかった。というのは、彼の植える木は、移植しても着かぬということがなく、かつ非常によく茂って、早くたくさんに実《みの》るからだ。そこで他の植木屋が見習って種々やってみるが、どうも及ばない。そこである人が「どうしてそううまく行くのか」と聞いてみたところが、彼は答えた。

「いや、わしが木を着かせ、茂らすわけではない。私はただ木が天より与えられた天性に順応して、その性能を十分に発揮させてやるだけである。一体、木の天性というものは、その根は伸びやかに、そして平らに張ろうとするものだから、培土はなるべくよく腐植した土を用い、またよく根に着くように、ていねいに土を入れて、よくおさえてやる。そうして置きさえすれば、後は動かすことも気づかうこともいらぬ。放っておいて顧みぬがよい。また種を蒔く時は、子のように大事に蒔き、その後は捨てたようにして居れば、その天性によって生長するものだ。だからわしは、その生長を害せぬだけで、努力して無理に茂らすのではない。その実るのを邪魔しないだけで、強《し》いて早く、沢山実らすわけではない。ところが、他の同業者はそうではないのだ。根を曲げたり、新しい土を使ったり、そして栽培管理にも過不及がある。可愛がり過ぎたり、心配し過ぎたり、朝に見ては暮に撫で、去ったかと思うと又振り返って見、甚しいものになると、木の皮に爪を立てて生枯を験したり、根元を動かして土の疎密を見たりするものがあるので、生育しようとする木の本性から日々離れてしまうのである。愛するというが、実は害しておるのであり、心配するというが、実は仇《あだ》しておるのである。だからわしに及ばぬのであって、わしが特別な事をやっているのではない。」

感心した問者が「それでは、お前さんの植木の道を政治に適用したらどうだ」というと、彼は答えた。「わしは植木のことなら分かるが他のむずかしいことはよく分からぬ。しかし、指導者達のすることを見ていると、どうも好んで命令を煩わしくしていうようだ。あれでは大へん民衆を案じているようで、実は結局禍《わざわい》しているようなものだ。それだから人々は閉口して怠ける。してみると、政治もどうやらわしの仕事と似ているようだね。」問者は感嘆して「すばらしい。私は樹を養うことを問うて、人を養う術を得た」と。

○

「一芸の士は、皆語るべし」の好箇の一例であろう。植木屋のらくだじじいの語る中に、政治の道・教育の道が示唆されており、「一芸の士は、皆聴くべし」となるのである。

四二　長ずる所を説《と》かしむ

凡《およ》そ人《ひと》と語《かた》るには、須《すべか》らく渠《かれ》をして其《そ》の長《ちょう》ずる所《ところ》を説《と》かしむべし。我《われ》に於《おい》て益《えき》あり。（言志録　六二）

近頃、人間関係ということがしきりにいわれるが、人と人との間の関係は主として「人と語る」ことによって行われる。その人と語る場合、相手にその長ずる所を説かしめよ、と一斎はいうのである。

これはすばらしい発見である。「話し上手より聞き上手」という諺があるが、「相手にその長ずる所を説かしめて」これを聞くということ、というよりも、聞き上手で相手にその長ずる所を説かしめるようにするということは、自分の長ずる所だけをペラペラとしゃべりまくるよりは、自分のためになるものだ、というのである。それは、相手の長ずる所を聞いて、自分の知見を広めるというだけではない。相手との人間関係をもよくすることにもなる。誰でも、自分の長ずる所を本気で聞かれるということは、悪い気持ちがしないものだからである。

しかし相手にその長ずる所を説かしめるということは、実は容易なことではない。かつて『耕心』誌*の「しずく」で、「話し合い」より「聞き合い」と記したのに対して、早速名古屋の力富氏から次の所感を寄せられた。

「〝話し合い〟も〝聞き合い〟も、自他を超越し、自他を包摂する普遍的立場に到ろうとする努力たることに相違ありませんが、前者は自己肯定（有我）から出発し、後者は自己否定（無我）から出発しようとする点に於て、微妙なニュアンスがあり、このニュアンスはやがて大きな差異を生む契機となるべきこと、明白であります。先生が今改めて〝話し合い〟から〝聞き合い〟への提唱をされる所以でございましょう。有難く敬読させていただきました。

犬養首相がやられた時に〝話せば分かる〟といったのを批評して、『だからまだいけない。なぜ〝聞こう！〟といわなかったか』といった坊さんがありました。いまだに印象に残っています。ふと思い出した次第であります。仏典に『如是我聞《にょぜがもん》』――この如く我れ聞く――とあるが、よく聞き合って、よきもの、よりよきもの、より高きものを生み出して行くところにこそ、真の民主的弁証法的進化が実現されるのでありましょう。」と。この章を味読するよき参考となるであろう。

第9章　事を処する道

四三　周詳《しゅうしょう》にして易簡《いかん》

事《こと》を慮《おもんぱか》るは周詳《しゅうしょう》ならんことを欲《ほっ》し、事《こと》を処《しょ》するは易簡《いかん》ならんことを欲《ほっ》す。（言志録　二六）

慮《おもんぱか》るとは思いはかることで、深く考えることである。思慮《しりょ》と熟語になるが、「慮」は「思」よりも一段と深く考えることである。周詳の「周」はあまねくと訓《よ》み、ああしたらどうか、こうしたらどうかと、あらゆる場合について広く考えること。「詳」はくわしいと訓じ、その一つ一つについて出来るだけ深く掘り下げて、考えることである。

例えば、今まで米だけ作っていた農家が米＋αで、何か米以外のものを取り入れようとする場合、隣で鶏を飼ったからおれも鶏を、というのでは「事を慮るは周詳」とはいわれぬ。鶏、豚、牛、蚕、果樹等々と多くのものについて、周く研究もし、調査もし、視察もし、そしてまた、出来るだけ詳しく調べてみることである。

その結果、あらゆる面から見て豚が最もよいという結論に達したならば、くよくよせずに思い切ってそれにふみ切ることである。もちろん、新しいものに手を出すよりも、米に専心して反収をあげた方がよいと決したら、迷わずに米＋米で行ってよい。これが「事を処するは易簡ならんことを欲す」である。実は事を処断する以前に十分に思慮し尽くして、この道の外に道なしという処まで行っているからこれが出来るのである。語を換えていえば「熟慮断行」である。

四四　已《や》むを得ざるの至誠

雲烟《うんえん》は已《や》むを得《え》ざるに聚《あつま》り、風雨《ふうう》は已《や》むを得《え》ざるに洩《も》れ、雷霆《らいてい》は已《や》むを得《え》ざるに震《ふる》ふ。斯《ここ》に以《もっ》て至誠《しせい》の作用《さよう》を観《み》るべし。（言志録　一二四）

この章も前章に関連して、事に対する道として味わいたいと思う。

雲烟（雲やもや）は決して作ろうとして作ったものではない。空気中の水蒸気が、やめようとしてもやめることを得ずして、自然に凝結して生じたものである。同様に、風雨もやむを得ずして発生するものであり、雷霆（かみなり）もやむを得ずして鳴りとどろくものである。誉められようと、そしられようと、そんなことを考えるひまのない、やむにやまれぬ力の発露である。それは慾《よく》から発したものではなく、天（神性）より発した至誠の作用であるからである。

四五　動いて括《くく》られず

已《や》むべからざるの勢《いきおい》に動《うご》けば、動《うご》いて括《くく》られず。枉《ま》ぐべからざるの途《みち》を履《ふ》めば、履《ふ》んで危《あやう》からず。（言志録　一二五）

有名な菊池寛の小説『恩讐の彼方へ』の主人公禅海和尚が、前非におののき、ただ一つの道としてすがった青の洞門の開さく。巨巌《きょがん》に対して、昼夜をわかたず、一鎚一鎚打ち込んでゆく。世人の毀誉、さては白刃を擬して傍に立つ仇。そして飢え、疲労、衰弱、その何ものも禅海の心を、禅海の行動を、束縛することが出来ぬ。これが「已むべからざるの勢に動けば、動いて括《くく》られず。枉《ま》ぐべからざるの途を履《ふ》めば、履んで危からず」である。

われわれが意を決して事を行う以上、ここまで至りたいものだ。しかしただ、ここで警戒せねばならぬことは、低劣な人欲から発するものを「至誠の作用」と独断して妄動することである。
次の章の如きも、この心を以て味わいたい。

四六　大志《だいし》ある者

真《しん》に大志《だいし》ある者《もの》は、克《よ》く小物《しょうぶつ》を勤《つと》め、真《しん》に遠慮《えんりょ》ある者《もの》は、細事《さいじ》を忽《ゆるがせ》にせず。（言志録　二七）

同じくネジ一本しめるのにも、おもちゃの自動車をつくろうとするのと、宇宙ロケットをつくろうとするのとでは慎重さが違うであろう。それはその志が違うからである。一粒の種を蒔くにしても、普通の収穫があればよいという者と、日本一の収穫を得ようという大志ある者とでは念の入れ方が違う。「真に大志ある者は、克く小物を勤める」というのはこれである。

一キロの道の第一歩、十キロの道の第一歩、百キロの道の第一歩。同じ一歩でも靴のひもの結び方が違う。「真に遠慮ある（遠き将来を考える）者は、細事を忽にせず」とはこれである。大ぼらを吹いて、眼前の小物細事をほうり放しにして寝ころんでいるのは小志短慮の輩である。「大功は細瑾《さいきん》（小さいきず）を顧みず」を曲解してはならぬ。

四七　緩ならず急ならず

人《ひと》の事《こと》を做《な》すは、須《すべか》らく緩《かん》ならず急《きゅう》ならず、天行《てんこう》の如《ごと》く一般《いっぱん》なるを要《よう》すべし。吾《わ》が性急迫《せいきゅうはく》なれども、時《とき》ありて緩《かん》に過《す》ぐ。書《しょ》して以《もっ》て自《みずか》ら警《いまし》む。（言志晩録　二三七）

「緩」はのんびり屋のスローモー。「急」はせっかち屋。われわれ人間はあるものは急、あるものは緩、のいずれかに偏する。しかるに天の運行を見ると、地球は一日二十四時間に一自転し、一年三百六十五日¼に一公転して、降っても照っても「緩ならず急ならず」春蒔いた種を稔《みの》らせるには秋を待つのである。

あるいはいうかも知れぬ。「科学の進歩は、冬でも温室栽培で野菜や花をつくるではないか。春を待たずとも花を咲かせることが出来る」と。しかし待て、いくら温室の中といえども、そこにはそこの天行がある。今朝蒔いた種子を直ちに今日発芽させ、今夜直ちに稔らせるわけには行かぬ。いやむしろ高度の技術を要する温室栽培ほど、そのものの天性を研究して、それに合った栽培をせねばならぬ。それが「天行」なのである。机上プランの政策はこの「天行」を疎外している。

学道も、産業も、経済も、人生の諸事皆然りである。天行とは不怠の努力の継続である。そしてその因に対応するおのずからなる果を待つことである。その意味において天行とは因果の理に随順することである。しかもそれを思うて、「吾が性急迫なれども、時ありて緩に過ぐ。書して以て自ら警《いまし》む」と自戒する一斎先生を尊しと思う。

第10章　随時に拾ったもの

四八　花

四月末の某日、同人と共に鶴岡城址《あと》につどい、言志録研究の後、観桜の宴を開く。

深山《みやま》には雪深けれど古城には桜匂へりみちのくの春

こんな気分の中で味わったのが次の二章である。

已《や》むを得《え》ざるに薄《せま》りて、而《しか》る後《のち》にこれを外《そと》に発《はっ》するものは花《はな》なり。（言志録　九二）

事に対して、次の四つの場合がある。

一、やらない方がよい場合

二、やってもやらなくても、どっちでもよい場合

三、やらされるからやる場合

四、やらずにはいられないからやる場合

右の四つのうち、第四のやらずにはいられないからやるのが「已《や》むを得ざるに薄《せま》りて、而《しか》る後にこれを外に発するもの」であり、それを象徴化したのが「花」なのである。

春四月、いま桜花らんまんの時である。藤田東湖《とうこ》が「天地正大の気、粋然《すいぜん》として神州に鍾《あつ》まる。秀でては不二《ふじ》の嶽《がく》となり、巍巍《ぎぎ》として千秋に聳《そび》ゆ。……発《はっ》しては万朶《ばんだ》の桜となり、衆芳与《しゅうほうとも》に儔《たぐ》ひし難《がた》し」*と詠じているが、たしかに桜花はそうだ。天地正

大の気が、「已むを得ざるに薄りて外に発したもの」である。内にみなぎる生命の力が、おさえようとしてもおさえきれず、やむにやまれずして、自《おの》ずからに外に発したものである。

だから、花には生気があふれている。純真でいつわりがない。だから美がある。それを慕って人が——そして蝶も蜂も——集まって来る。花見の宴も開かれる。しかし、人を集めるために花が咲くのではない。花が咲くから人が集まって来るのだ。人にほめられるために花が咲くのではない。花が咲くから人がそれを称《たた》えるのだ。人を喜ばせるために花が咲くのではない。花が咲くから人が喜ぶのだ。

内心はやりたくないのだが、やれといわれるからやるのだという、お義理一片の事務的の仕事に魅力がないのは、それが「花」でないからである。

妙法蓮華経の「蓮華」の花も、釈尊の内なる妙法の大生命が、已《や》むを得《え》ざるに薄《せま》りてこれを外に発した大説法の象徴と見るべきであろう。「自ら反《かへり》みて縮《なほ》くんば、千万人と雖《いえど》も吾《わ》れ往《ゆ》かん」という孟子の勇憤も、「かくすればかくなるものと知りながら、やむにやまれぬ大和魂」という吉田松陰の捨身の情熱も、内にみなぎる大生命の露《ろ》堂々《どうどう》＊であり、それこそが「朝日に匂ふ山桜花」＊なのである。
警戒すべきは、惰性で動くマンネリズムの、老化に陥ることである。

四九　山　川

布置《ふち》宜《よろ》しきを得《え》て、安排《あんばい》を仮《か》らざるものは山川《さんせん》なり。（言志録　九三）

〔註〕布置＝分布配置。
安排＝配慮の意。案配と書いた方がわかるかも知れぬ。

あれをどこに置こうか、これをどこに置こうかという配慮を用いずに、しかもその配置が宜しきを得て、あるべき場所にちゃんとすわっているものは、山川である、というのである。

北に出羽富士の称ある鳥海の秀峯が高く聳え、南に臥牛山の称ある月山の巨峯がどっしりと横たわり、その間にひろがる百万石の平野を最上川の巨流が悠々と流れている。この庄内の郷の所々に配置されているいくつかの中小河川、そして日本海の海岸線……。それは人間の作為によってつくられた建造物や庭園には見られぬ大景観である。

しかし、その無配慮無作為の布置は、実は造化の絶大なる超作為の結果に成れるものである。思え！　幾千万億年にわたって、絶ゆることなく続けられた、風雨・霜雪・水流・波濤《はとう》等々の自然の大偉力を駆使して、この自然の大芸術作品たる山川を造りなした造化の大配慮を。

人間の事業も、願わくはかくこそありたいものである。けれども、そうあるためには、それをなしおおせる大思慮と大力量を養わねばならぬことを痛感する。

（達人と謳われる人の、一言一句・一点一画・一挙一動にこの趣を見る。）

五〇　物を容るるは美徳

物《もの》を容《い》るるは美徳《びとく》なり。然《しか》れども亦明暗《またメイアン》あり。（言志録　三五）

物を容れる器を容器という。その容器が一リットル入れのものだと、一リットルまではいるが、二リットルの水を容れようとすると溢れてしまう。しかし、五リットルの器ならば、二リットルや三リットルの水は優々としてはいり、余裕しゃくしゃくとしてはいる。結局容器の大小によるのである。

人間もその通りで、人間として器《うつわ》――これを「度量」とか「器量」とかいう――が小さいと、人でも、物でも容れることが出来ない。山鹿素行《やまがそこう》が「度量が寛《ひろ》くないと、せわせわしくなるものである。だから、人間は、長江大河の更にそのかぎりを知るべからざるが如《ごと》く、泰山喬嶽《たいざんきょうがく》の草木鳥獣をかくすが如くにして、其の胸中に天下の万事を容れて自由ならしめるべきで、これを度量というのである」

といい、更に

天、空《むな》しうして、鳥の飛ぶに任《まか》し
海、闊《ひろ》うして、魚の躍《おど》るに委《まか》す
大丈夫、此《こ》の度量なかるべからず

の古語を引いて、天の如く、海の如き度量を養えといっている。

ところが、われわれは、人の話でも、少しくむずかしかったり、気に合わなかったりすると、耳に逆ろうて容れかねるようになる。物や事でも、少しく大きいものにつき当たると、はばけて容《はい》らなくなる。「小さく打てば小さく響き、大きく打てば大きく響く」と謂《い》ったのも、南洲翁の度量の大きさを形容したものであろう。物を容れるということは、たしかに美徳である。

しかし、その容れ方に明暗の二通りがあると、一斎はいっている。この明暗は「明君」「暗君」としてみるとわかる。ミソもクソも、ただ容れさえすればよいというのでは「暗」である。「明」とは、一応は容れつつも、それがミソであるか、クソであるかを明らかに弁えて、そして容れているのである。この事は更に次章において味わうこととしたい。

五一　容れて択《えら》ぶ

人《ひと》の言《げん》は、須《すべか》らく容《い》れて之《これ》を択《えら》ぶべし。拒《こば》むべからず。又惑《またまど》ふべからず。（言志録　三六）

人の言は容《い》れて、これを択《えら》ぶべし。――相手の言うことをよく聞き、一応とっぷりとそれを腹に容れて、その中から、善いものと悪いものとを択べ――というのであるが、この中には一見矛盾とみられる二つの作用がある。即ち「容れる」ということと、「択ぶ」ということの二つである。

「容れる」という方が強くなると「択ぶ」という方が弱ってくるし、それに反して「択ぶ」という方が強くなると、「容れる」という方が弱くなって来る。「択ぶ」方に偏すると、「それは間違っている、これは愚論で取るに足らぬ」と相手のいうことを

「拒む」ようになり、これに反して「容れる」方に偏すると、それもごもっとも、これもごもっともとなって「惑ふ」ようになる。「拒むべからず、又惑ふべからず」とは、実は容易ならぬことで、余程の識見と度量を養わなければ出来ぬことである。まことに難いことではあるが、なさねばならぬこと、そこに我づくりの修養が必要になって来るのである。

近来よく寛容の精神などいうが、寛容も、それに「択ぶ」ことが伴わなければ、「惑ふ」ようになることを忘れてはなるまい。かといって、また自分の考えと一寸でも違うと、すぐに目に角立てて反対し、排撃するだけでは、いかに口に弁証法的進化を唱えても、止揚による進化は望むべくもない。この章には、かくて現代に即して味わうべきものがある。

五二　容れて責む

能《よ》く人《ひと》を容《い》るる者《もの》にして、而《しか》る後《のち》以《もっ》て人《ひと》を責《せ》むべし。人《ひと》も亦其《またそ》の責《せめ》を受《う》く。人《ひと》を

容《い》るること能《あた》はざる者《もの》は人《ひと》を責《せ》むること能《あた》はず。人《ひと》も亦《また》其《そ》の責《せき》を受《う》けず。（言志録　三七）

読んで字の通り。自分の言うことを、よく聞き容れてくれる人が、いや、言うことだけではない。自分をとっぷりと容れてくれている人が、誠心誠意、自分を思うてその非を責めてくれる時に、それを心から受けるのである。「容れる」ということは大したことである。

五三　半《なかば》を聞けば可

人《ひと》の人《ひと》を毀誉《きよ》するを聞《き》くに、大抵《たいてい》その半《なかば》を聞《き》けば可《か》なり。劉向《りゅうきょう》*謂《い》ふ「人《ひと》を誉《ほ》むるには、その義《ぎ》を増《ま》さざれば、則《すなわ》ち聞《き》く者《ものこころ》心に快《こころよ》しとせず。人《ひと》を毀《そし》るには、その悪《あく》を益《ま》さざれば、則《すなわ》ち聞《き》く者耳《ものみみ》に満《み》たず」と。此《こ》の言人情《げんにんじょう》を尽《つ》すと謂《い》ふべし。（言志耋録　二一五）

人を毀《そし》ったり、誉《ほ》めたりするのを聞くには、大抵はその半分を聞けばよいものだ。このことについて、劉向が「人を誉めるには、そのよい所（義）を全部並べたてぬと、快しとしないし、また人を毀る場合は、その悪い所を事実以上に誇張しないと満足しない」といっているが、この言はよく人情を喝破《かっぱ》している、というのである。

結婚の披露式では、新郎は誰でも皆有為《ゆうい》の秀才とたたえられ、新婦は誰でも皆貞淑な才媛とほめられる。講師の紹介などでも、歯の浮くような讃辞を並べることが少しとせず、いわんや新興宗教などでは、その中心人物の奇蹟的行状を並べ立てて神様あつかいするものもあり、まさに誇大広告に類するものがある。悪い方もその通りで、悪いとなると、悪事に枝葉をつけて実際以上の悪人にしてしまうことが多い。「話し半分」というが、「容《い》れて而《しか》して択《えら》ぶべし。惑《まど》ふべからず」である。

五四　知分知足《ちぶんちそく》

分《ぶん》を知《し》る。然《しか》る後《のち》に足《た》るを知《し》る。（言志録　四二）

徳川家康の墓のある静岡の久能山は海岸に聳立《しょうりつ》する絶壁の上にある。恐らくいざという時はここにこもろうという、要塞であったであろうが、その山頂に井戸がある。のぞいて見ると、目まいのするほど深い底に水がたたえている。さてその井戸の石の井げたに、上のように刻んでいる。

これは真中の井戸が「口」で、この「口」が周囲の各文字に共通するので、これを上から右回りに読むと、「吾唯足知」となり、「吾《わ》れ唯《ただ》足るを知《し》る」と読むのである。

かつて私はこの井戸を見て、なるほどと感じたのであった。山頂の井戸水は不自由である。しかしそれが、その場における「分」である。その分に応じて、吾れ唯足るを知るのであると。ここで「分」という言葉を用いたが、分とは何か。それは文字通り「分けまえ」である。それはおれの分だなどいうが、その人の分けまえである。天地は無限である。その無限、すなわち無尽蔵の中から、その人に与えられるものが、その人の「分」――二宮翁のいわゆる「天分」である。二宮経済学では、その家の――これは当時の社会事情より主として農家の場合においてであるが――天分は、過去十カ年の所得の平均を以て決せよといっているが、農作の豊凶等によって年々凸凹があり、その平均を以て五〇石とか、一〇〇石とかと、決するというのである。そして、その天分に随って仕法（計画）を立てて生活し、余剰を出してこれを自他の為に推譲せよというのである。

その基本をなすものが、やはり「分を知る」ことであり、その分を知って、然る後はじめて吾れ唯足るを知るのである。

私は背が高い方であるが、しかし着物をつくるには一反の反物で足りる。けれども大鵬や柏戸*になるとそうはゆくまい。からだの天分が違うからだ。大鵬が私の着物を着ようとしても着られまいが、しかし私が大鵬の着物を着たら笑いものであろう。万事がそんなもの、分相応が一番ふさわしいのである。

しかし、いくら「分」だからといって、小成に安んじ、現状に甘んじていたのでは、成長がない。向上がない。宇宙も人生も無限の進化をその本質とする。これは戦後の日本経済に於て実証される処であり、比較的進歩の遅い農業ですら、戦前反収三石が今や四石となり、今後もまたさらにその成長の可能性が予約されている。だから耕地面積の拡大を別としても分は拡大される。けれどもまた一方、水害とか、旱魃《かんばつ》とかで不作すると、時には縮少されることもある。そこで過去十年間の平均を以て天分とせよ、と二宮翁はいうのである。十年では長過ぎる場合は五年でもよい。鶏や豚の導入計画を立てる時は、価格は過去四年の平均価格を以てせよというが、「分を知る」とはなかなかのことである。しかし忘れてはならぬことである。

五五　国危《あやう》し

一物《いちぶつ》の是非《ぜひ》を見《み》て、大体《だいたい》の是非《ぜひ》を問《と》はず。一時《いちじ》の利害《りがい》に拘《かか》はりて、久遠《きゅうえん》の利害《りがい》を察《さっ》せず。政《まつりごと》を為《な》すに此《かく》の如《ごと》くなれば、国危《くにあやう》し。（言志録　一八〇）

私はこの章を読んで、この夏に大騒ぎをした米価問題について、これこそ今の為政者に対する最適切な忠言であると思った。

生産者は米価を上げよと押しかける。消費者は上げてはならぬという。それは自由取引のもとに於てならば、当然その間の需給関係に於て決せられるのであるが、現在の食管法下にあっては、米価を決定するのは政府なのであるから、為政の局に在る者は容易ならぬことである。

ところで、農村に地盤をもつ代議士達は、米価闘争団体の圧力によって、生産者米価を上げよ上げよと政府に迫る。また消費者を地盤とする代議士達は、消費者米価を上げるなと政府に迫る。こうなると代議士はもはや国会議員ではなくなり、集団利己主義に立つ職能代表者以外の何ものでもなく、「米価」という「一物」の「一時」の利害のみを見て、国全体の永遠の事など眼中になくなってしまう。

こうしたことは、必ずしも米価問題に於てのみではない。所詮誤られた民主主義の然《しか》らしめた処《ところ》であり、まさに「政を為すに此の如くなれば、国危し」である。

五六　下情《かじょう》と下事《かじ》

下情《かじょう》と下事《かじ》とは同《おな》じからず。人《ひと》に君《きみ》たる者《もの》、下情《かじょう》には通《つう》ぜざるべからず。下事《かじ》には必《かなら》ずしも通《つう》ぜず。（言志録　八四）

〔註〕 君＝君というと天皇とか、藩侯とかと解しやすいが、本来の字義よりすれば「指導者」と解すべきである。君は君という字で、⺕は手。丿は鞭。尹は鞭を持って指導する者で、オーケストラの指揮者の如きである。それに⊔（口）をつけて、さらに言葉でも命令する者という意の字である。だから現在でいうと、長官や社長はもちろん、部長課長級、そして一家の家長という人々も、「君」というべきである。

社長や部長が自動車の運転やタイプライターの打ち方まで一々おぼえなくてもよい。しかし、夜遅く自動車に乗る時には、たとえ部下の運転手でも「いや、遅くなって済まん！」と一声かけるだけの思いやりがほしいもの。これが「下情に通ぜざるべからず」である。なまなか運転の技術をおぼえ、それを鼻にかけて運転手に知ったかぶりの小言をいうなどは、下事に通じて下情に通ぜずというもので、部下は決して悦ばぬであろう。

五七　慎独《しんどく》の功

畜《たくわ》ふる(1)こと厚《あつ》ければ発《はっ》すること遠《とお》し。誠《まこと》の物《もの》を動《うご》かすは、慎独《しんどく》より始《はじ》まる。独《ひと》り処《お》るとき能《よ》く慎《つつし》まば、物《もの》に接《せっ》する時《とき》に於《おい》て、太《はなは》だ意《い》を著《つ》けずと雖《いえど》も、而《しか》も人自《ひとおの》づから容《かたち》を改《あらた》め敬《うやまい》を起《おこ》さん。独《ひと》り処《お》るとき慎《つつし》む能《あた》はずんば、物《もの》に接《せっ》する時《とき》に於《おい》て、意《こころ》を著《つ》けて恪謹《かっきん》(2)すと雖《いえど》も、而《しか》るに人《ひと》も亦敢《またあ》へて容《かたち》を改《あらた》め敬《うやまい》を起《おこ》さじ。誠《まこと》の畜《ちく》と不畜《ふちく》と其《そ》の感応《かんのう》の速《すみや》かなること已《すで》に此《か》くの如《ごと》し。（言志録　一五二）

〔註〕

(1) 畜＝蓄に通ず。ここでは自己形成のための修養をいう。

(2) 恪謹＝つつしむ。

ベテランの番頭や女中が見ると、外観をいくらつくろっても、客の人柄や、ふところの中がわかるという。人前だけでいかに立派な真似をしても、日頃の生活がみだれていては、人を服せしめることは出来ぬ。顧みて思い当たることがあろう。

五八　形影と感応

筆《ふで》無《な》くして画《えが》くものは形影《けいえい》なり。脚《あし》無《な》くして走《はし》るものは感応《かんのう》なり。（言志耋録一二二）

孔子が「わしは、物言うことをやめようと思う」というと、門人の子貢《しこう》が「それでは、私どもの学問の種《たね》がなくなるではありませんか」とつぶやく。すると孔子が「天何《てんなに》をか言《い》はんや。四時《しじ》行《おこな》はれ、百物生《ひゃくぶつしょう》ず。天何《てんなに》をか言《い》はんや」*といった。子貢は学問とは言葉や文字によって得られるものと思っていたのであろう。「あら不思議目が口ほどにものを言い」という川柳があるが、目だけではない。人相・手相・足相等々、全身到る所がものを言う。名優の名優たるゆえんは、必ずしもセリフがうまいからだけではない。

また「後姿で導け」ともいう。私どもが、どんな形影をしているか。そして無言のうちに、どんな感応を与えているか。身心にちょっとした違和があっても、すぐ顔色や声色に現れることを思えば、修養の大事なことにおののくものがある。

五九　化と教

教《おし》へて而《しこう》して之《これ》を化《か》するは、化《か》及《およ》び難《がた》きなり。化《か》して而《しこう》して之《これ》を教《おし》ふるは、教《おしえ》入《い》り易《やす》きなり。（言志耋録　二七七）

この章で大事なのは「化」である。化とは変化の化で、人間でいうと、気質なり、体質なりを変化させることである。この化の力の最も大きいのは天地の化である。春になると、春の「気象」——これをまた「風《ふう》」ともいう——が天地間にみなぎり、それによって一切の草木、禽獣、生きとし生くるすべてのものが、自ずからにして皆発芽生育を始め、皚々《がいがい》たる*冬山が一変して新緑薫る春の野山と化する。古人は四季の天地の化を、春生・夏長・秋収・冬蔵といっているが、この天地自然の化の偉大なるを見れば、人間の力など如何《いか》に小さいものか。

しかし小さいといっても、人間は小天地であるが故に、天地に「気象」があり「風」があるように、人間も亦それを有する。春風駘蕩《しゅんぷうたいとう》たる和気も生ずれば、疾風迅雷の怒気も生ずる。それらによって、家風を生じ、村風を生じ、校風を生じ、社風を生じ、国風を生ずる。人々はこの「風」によって自《おの》ずからに化せられるのである。政治や教育の最上のはたらきはここにあるべきだ。

そして、この「風」をつくる原動力が、自然界に於ける天である如く、人間界においてはその指導的地位にある人である。「治人ありて治法なし」といわれる所以《ゆえん》である。

これに比すれば「教」は多分に作為的のものをもつ。「説教」という語から来るニュアンスがそれだ。何か文句を並べたて、行事を並べたてて、相手を型に入れようとするものがある。

そこで、一斎はいう。「訓辞だ、講義だ、規則だ、懲罰だと、之を『教』えて、それによって化そうとしても、それはなかなかむずかしい。まず相手を『化』して、その後に教えれば、教が聞き入れられるものだ」と。いわれて見るとその通りで、現在の学校も、あるいは研修会も、教育と名のつくものには「教」が多すぎる。教育過剰である。だから人間形成などといっても、その理論や行事の伝達くらいのもので、人間そのものを化するところまで行かない。それに比すれば宗教には――実はこれもその本質を失いつつあるが――神社でも、仏寺でも、教会でも、一歩その中に入ると、何かしら無言の裏に化せられる「風」が漂っている。

「化」こそが、教学の始にしてかつ終である。現下の政教に於て猛省すべきはこのことではないのか。そのためには、その場に、それにふさわしい「風」をあらしめねばならぬ。しかるに果たして如何《いかん》。学校はもちろんだが、国家の最高機関と自称する国会に果たしていかなる「風」ありや。

〔註〕「教化」という語がある。世間一般では「教育」よりも、一段世俗的な、濃度の薄

いもののように考えているが、しかし一斎のこの章からすると、そんなものではない。「化教」といったら、いくらかその意が出て来るであろうか。

六〇　学ぶ功徳

少《しょう》にして学《まな》べば、則《すなわ》ち壮《そう》にして為《な》すことあり。壮《そう》にして学《まな》べば、則《すなわ》ち老《お》いて衰《おとろ》へず。老《お》いて学《まな》べば、則《すなわ》ち死《し》して朽《く》ちず。（言志晩録　六〇）

「少《わか》くして学ぶ」は、現在では学校でやる。それによって就職して、壮にして仕事をする。ここまではまあまあだが、問題はその後である。一旦職に就いてしまうと、もう学ぼうとしない。日中は仕事で一ぱい。帰って来て、学ぶもの果たして幾人かある。そして休日には海へ、山へ、競輪へ、競馬へ……。かくて月曜日はボンヤリ。火水木は正気を取りもどすが、金曜の午後から土曜の午前はレジャーの計画でソワソワ。

一週間の中で最もハッスルするのは土日の休日だという。こうして停年退職の頃には身心ともにもぬけのから。これでは老いて衰えるのは当然である。いわんや死して後に於《お》いてをやだ。

六一　春風と秋霜

春風《しゅんぷう》を以《もっ》て人《ひと》に接《せっ》し、秋霜《しゅうそう》を以《もっ》て自《みずか》ら粛《しゅく》す。（言志後録　三三）

ところが、ともすると私どもはこの逆になり、春風を以て自らに接し、秋霜を以て人を粛すとなりがちである。根本にさかのぼると実力の問題で、ふだん秋霜を以て自らを粛している力士が、土俵に上って相手に対する時、自ずから春風を以て人に接する態度が出て来るのである。メッキははげるものだ。私にはこの語にまつわる忘れ得ぬ思い出があるが、先年岸信介氏がこの含翠学院*を訪れた際も、請に応じて画帖に書したのが、はからずもこの一句であった。

六二　長を取り短を捨つ

人各々《ひとおのおの》長《ちょう》ずる所《ところ》あり。短《たん》なる所《ところ》あり。人《ひと》を用《もち》ふるには、宜《よろ》しく長《ちょう》を取《と》りて短《たん》を舎《す》つべく、自《みずか》ら処《しょ》するには、当《まさ》に長《ちょう》を忘《わす》れて短《たん》を勉《つと》むべし。（言志晩録　二四四）

武田信玄の部将の中に、いかにも陰気な一人があった。激戦への出陣の際、他の部将達は、あれが行っては全軍の士気が阻喪《そそう》するから、この度は彼を留守役に回すようにと、信玄に進言した。しかし信玄はこの要望を退けて彼を同行した。

いよいよ激戦の結果、多数の死傷者を出した。信玄は早速彼を呼んで「死傷者は勿論《もちろん》、その遺族を思うと誠に気の毒である。余《よ》自《みずか》ら一人一人の家を訪ねて慰問したいのだが、戦の最中、それは出来ぬ。ついては御苦労だが、お前が余の代理として国に帰り、よく余の心を伝えて、懇《ねんご》ろに遺族を慰問してやってくれ」と頼んだ。

彼は感激してその任を果たすべく遺族の慰問に回ったが、日頃の陰気な顔がさらに悲痛にゆがみ、声涙ともにくだりつつ君命を伝えたので、遺族達は君恩の厚きに感涙したという。

陣頭指揮にはむかない男でも、彼の「長を取りて短を捨てて」用うれば、鬼をもひしぐ豪将には出来ない働きをさせることが出来る。信玄の将に将たる所以《ゆえん》ここにありというべきである。

しかしこれは人を用うる場合のこと、自らを処するには、己の長を忘れて、自らの短を知り、これを改め、これを補うことに懸命に勉むべきである。これがなければ、人を用うる大器大量とはなり得ぬ。かくてこの章の「人を用ふるには……」と「自ら処するには……」とは相関不離に読むべきであろう。

六三　彼を知り己れを知る

彼《かれ》を知《し》り己《おの》れを知《し》れば、百戦百勝《ひゃくせんひゃくしょう》す。彼《かれ》を知《し》るは、難《かた》きに似《に》て易《やす》く、己《おの》れを知《し》るは、易《やす》きに似《に》て難《かた》し。（言志晩録　一〇三）

『孫子』の謀攻篇《ぼうこうへん》に「彼を知り己れを知れば、百戦殆《あや》うからず」とあるのから取ったのであろうが、これは必ずしも戦争のことだけではない。「彼」を仕事の対象と解すれば、何にも活用される。

先頃、企業体の従業員の在り方についての研究会で、従業員があだ、こうだといろいろの問題が出て、そしてそれをどうして指導するかということで熱気をおびて来た時、私に意見を求められたので、私は日頃の私の経験から、この章の心を以て答えたのであったが、指導者自身「己れを知るは易きに似て難し」と反省すべきではあるまいか。農業でも同じこと、稲を作るだけでなく、やはり己れを知るに至らなければ、安定した豊作は得られぬ。

六四　苦楽

人《ひと》は苦楽《くらく》なき能《あた》はず。唯君子《ただくんし》は心《こころ》苦楽《くらく》に安《やす》んじて、苦《く》あれども苦《く》を知《し》らず。小《しょう》人《じん》は心《こころ》苦楽《くらく》に累《わずら》はされて、楽《らく》あれども楽《らく》を知《し》らず。（言志晩録　二四二）

夏目漱石が「仰臥《ぎょうが》して人唖《ひとおし》の如《ごと》く。黙然大空を見る。大空雲動かず。終日杳《よう》として相同《あいどう》ず」*とうたっている。病臥《びょうが》中の作であろうが、いかにも「苦あれども苦を知らず」の境に安居しているではないか。「苦を知らず」とは、苦楽以上の境に至っているが故に、苦に執着せずの意であって、無感覚の「知らず」ではない。

しかし「楽あれども楽を知らず」の方も大事である。とかくわれわれは、自己の生活においては苦を知って楽を知らず、他人の生活については楽を見て苦を見ない傾向があるが、この事を農村人の生活において痛感する。技術と経済の指導によって「儲《もう》かる農業」をさせることは必要だが、さらに一歩を進めて、その上に、農生活の中に美と楽とを発見するような啓蒙も、農村指導者の忘れてはならぬことであろう。

六五　気運の常変

気運《きうん》に常変《じょうへん》あり。常《じょう》は是《こ》れ変《へん》の漸《ぜん》にして、痕迹《こんせき》を見《み》ず。故《ゆえ》に之《これ》を常《じょう》と謂《い》ふ。変《へん》は是《こ》れ漸《ぜん》の極《きょく》にして、痕跡《こんせき》を見《み》る。故《ゆえ》に之《これ》を変《へん》と謂《い》ふ。春秋《しゅんじゅう》の如《ごと》きは是《こ》れ常《つね》、

夏冬《かとう》は是《こ》れ変《へん》。その漸《ぜん》と極《きょく》とを以《もっ》てなり。人事《じんじ》の常変《じょうへん》も、亦《また》気運《きうん》の常変《じょうへん》に係《かか》れり。故《ゆえ》に変革《へんかく》の時《とき》に当《あた》れば、天人斉《てんじんひと》しく変《へん》ず。大賢《たいけん》の世《よ》に出《い》づるあれば、必《かなら》ず又《また》大奸《たいかん》の世《よ》に出《い》づるあり。その変《へん》を以《もっ》てなり。常漸《じょうぜん》の時《とき》は、則《すなわ》ち人《ひと》に於《おい》ても亦大《またたい》賢奸《けんかん》なし。（言志晩録　一二七）

〔註〕　気運＝生命の運行。

『易経』に「霜を履《ふ》んで堅氷《けんぴょう》至る」とあるが、堅氷という変は、幾《いく》たびかの霜を履《ふ》むの漸《ぜん》の極《きわみ》として来るのである。諸事皆然《しか》りである。昨今の世の中には「変」と思われるものが随分現れ出しているが、例えば全学連、大学騒動等の如きも、やはり「漸の極」としての現象である。これに対して常のうちに手を打っておけば、痕跡を見ずして処理出来たであろうが……とも思うが、すでにここまで来てしまえば、多少の痕跡を見ても施術するものは施術すべきであろうのに、その痕跡を恐れてずるずると落ち込んで行く。大賢いまだ世に出でず。大奸といわれるほどのものも出ないが、大賢も出ない。しかし世は決して「常」ではない。これを是れ昭和元禄というか。

六六　真の是非と仮の是非

凡《およ》そ事《こと》には真《しん》の是非《ぜひ》あり。仮《かり》の是非《ぜひ》あり。仮《かり》の是非《ぜひ》とは通俗《つうぞく》の可否《かひ》する所《ところ》を謂《い》ふ。年少《ねんしょう》未《いま》だ学《まな》ばずして、先《ま》づ仮《かり》の是非《ぜひ》を了《りょう》すれば、後《のち》に迨《およ》んで真《しん》の是非《ぜひ》を得《え》んと欲《ほっ》すとも、亦《また》入《い》り易《やす》からず。謂《い》はゆる先入主《せんにゅうしゅ》となり、如何《いかん》ともすべからず。（言志晩録　一四六）

戦前までは鏡と玉と剣を三種の神器とし、これを以て智仁勇三徳の象徴としたのであったが、今はカー、カラーテレビ、クーラーを、新三種の神器という。精神的道義的神器より物質的レジャー神器へのチェンジである。そして結婚の相手としては「家つき、カーつき、ばばあぬき」が理想だという。こういう観点からのみの価値判断が、果たして「真の是非」であろうか、「仮の是非」であろうか。

就職はなるべく高い月給にありつくため、学校に入るのは就職する方便のため、勉学するのは卒業するに間に合う点数を取るため……。同様に農業をするにも「儲かる農業」という。ここでも「真の是非」と「仮の是非」とを考えさせられる。

人生にはもっと高いものがあるはず。「年少未だ学ばずして、先づ仮の是非を了《りょう》すれば（しみこんでしまえば）、後に迨《およ》んで真の是非を得んと欲すとも、亦《また》入り易からず」となる。「先入主となる」とは恐るべきこと。教育も知識や技能だけでなく、幼少の時から「真の是非」を知らしめることに意を用うべきであろう。

六七　果　断

果断《かだん》は義《ぎ》より来《きた》るものあり。智《ち》より来《きた》るものあり。勇《ゆう》より来《きた》るものあり。義《ぎ》と智《ち》とを并《あわ》せて来《きた》るものあり。上《じょう》なり。徒勇《とゆう》のみなるは殆《あやう》し。（言志晩録　一五九）

果断は貴い。しかし、その果断の原動力となるものに、義と智と勇と、三つある、と一斎はいうのであるが、これを現代語でいうと、義は是非善悪を決する道徳的判断、智は利害成否を考える科学的考察（近来これを合理性という）、そして勇は実行的意欲となるであろう。

この三つの中で、義と智――道徳的判断と科学的考察――の両者を併せ用いて発した果断が最上である。それを欠いてただ暴虎馮河《ぼうこひょうが》*の押し一手でやっつけようとする徒勇のみではあやうい、というのである。

ところで、私はこの章を読んで、武人が政権を握っていた武家時代はこれが尤《もっと》ものことであるが、現在のような吏僚的政治の文人時代においては、警戒すべきはむしろ「智」より来る決断ではなかろうか、ということを思うのである。理論と数字ででっち上げた、いわゆる「合理的」な計画がものをいう。そしてそれが往々にして「義」を疎外し、生きた人情を疎外して、「合理」が一転して「無理」に陥ることである。また左翼的革命派のやることには一見「果断」と見られるものがあるが、これも一片のイデオロギーの「智」より来るもので、義や情を疎外する。こうしてみると、現代の戒しむべきは「徒智」より来る果断であって、やはり智と義と勇の三徳の上に立つ果断こそ貴いというべきであろう。

六八　勧学の方途

勧学《かんがく》の方《ほう》は一《いち》ならず。各々《おのおの》その人《ひと》に因《よ》りてこれを施《ほどこ》す。称《ほ》めてこれを勧《すす》むることあり。激《げき》してこれを勧《すす》むることあり。又《また》称《ほ》めず激《げき》せずして、その自《みずか》ら勧《すす》むを待《ま》つものあり。猶《な》ほ医人《いじん》の病《やまい》に応《おう》じて剤《くすり》を施《ほどこ》すに、補瀉《ほしゃ》一《いち》ならず、必《かなら》ず先《ま》づその症《やまい》を察《さつ》して然《しか》するがごとし。（言志晩録　一六七）

「勧学の方」とは現在の用語を以てすれば学習指導法とでもなるであろうか。それに次の三つの方法がある。

一　称《ほ》めてこれを勧める
二　激（激励鞭撻《べんたつ》）してこれを勧める
三　称《ほ》めず激せずして、自ら勧むのを待つ

しかしこの三つの方法も、相手の性状によって施すべきで、それは医師が患者の症状を察して、あるいは補し（栄養を与え）、あるいは瀉《しゃ》す（下剤でくだす）ようなもので、それこそ応病与薬底のもの。所詮、教育は方法論以前の教師論まで行かねばならぬことに気づくべきである。

六九　儒者の反省

㈠

修禅《しゅうぜん》の老弥《ろうみ》、樸実《ぼくじつ》の老農《ろうのう》は、語往々《ごおうおう》にして人《ひと》を起《おこ》す。ただ渠《かれ》をして言《い》はしめて、而《しこう》して我《わ》れこれを聴《き》けば可《か》なり。必《かなら》ずしも詰問《きつもん》せじ。（言志晩録　二〇七）

〔註〕老弥＝禅の修業を積んだ老僧
樸実＝素朴で実直

明治のことだが、某仏教博士が釈迦の聖跡を訪ねて印度《インド》を巡遊して帰った。これを聞いた某老僧、「それは尊いことだ。是非……」とその博士を招じて話を聞くことにした。迎えるなり老僧はその博士の足を戴いて礼拝した。いい気になった博士は滔々《とうとう》として弁じ立てたが、途中から和尚コクリコクリと居眠りが始まる。博士は、オイボレ坊主め、俺のいうことがわからぬわいと思って、座を立った。玄関まで送った老僧、わかれぎわにポンと博士の肩をたたいて、

「あんた、なかなかウシのケツですね」

とぽつりと一語。さて帰って「ウシのケツ」とは何であろうかと、いろいろ参考書を調べたが出て来ない。そこで出かけて行って「先日老師が私の肩をたたいておっしゃった、ウシのケツとはどういうことですか」ときく。すると和尚呵々《かか》一笑して、

「ああ、あれですか。あれは『モウのシリ』ですよ」

という。これはウシ(牛)をモウといい、ケツをシリという。だからモウノシリ、即ち「物知り」ということなのだ。修行も積まずに知識だけで、やれ釈迦は……、やれ仏教は……などと並べたてる学者に対する老弥の寸鉄である。

こうした消息は朴実の老農にもうかがわれるが、それらの人達のいうことはすなおに聴いて自省の資とすべきであって、あげ足取りのような下らぬ詰問などすべきではないというのである。さらに次章を見よう。

(二)

武人《ぶじん》は多《おお》く胸次明快《きょうじめいかい》にして、文儒却《ぶんじゅかえ》って闇弱《あんじゃく》なり。禅僧或《ぜんそうあるい》は自得《じとく》ありて、儒者《じゅしゃ》に自得《じとく》なし。並《ならび》に愧《は》づべし。（言志晩録　二〇八）

これを現代版にすると、千軍万馬の間に勝敗を決する第一線の実業人は多く胸次明快にして、学者却って闇弱なり、となるであろうが、「闇弱」の二字が痛い。本と頸《くび》引《つぴ》きして象牙の塔にとじこもる学者には、生きた世事に暗く、生命力の弱い者が多い。

若き日のインテリ白隠《はくいん》が、正受老人*を訪ねて理知を誇示すると、

「そいつは受売り学問じゃ。一体何が、君自身でつかんだものか」（這箇《しゃこ》は是《こ》れ学得《がくとく》底《てい》、奈箇《なこ》か是《こ》れ見性底《けんしょうてい》）

と出鼻をくじかれた。この一喝が後日の白隠禅師を生んだのだという等の故事を思うものであるが、当時儒者の第一人者として昌平黌《しょうへいこう》儒官たる一斎先生がこれを心配し、而して武人や禅僧に対して「並に愧づべし」と結んでおられるのである。この態度こそ真の儒者（儒は「もとめる」の意で、儒者とは道を求める者）であり、真の学者（道を学ぶ者）であるといわれよう。

七〇　恩を売るなかれ

恩《おん》を売《う》ること勿《なか》れ。恩《おん》を売《う》れば却《かえ》って怨《うらみ》を惹《ひ》く。誉《ほまれ》を干《もと》むること勿《なか》れ。誉《ほまれ》を干《もと》むれば輒《すなわ》ち毀《そしり》を招《まね》く。（言志晩録　二四七）

味わっていると、いろいろの経験が浮かんで来る。自分でやったことを思うと恥ずかしくなるが、他より受けたことを思うと、また切実なものを感じる。親切はよいが、有難がらせようなどとは思わぬがよい。よい事はすべきである。しかし誉をもとめぬがよい。

七一　操　守

日間《にっかん》の瑣事《さじ》は、世俗《せぞく》に背《そむ》かぬも可《か》なり。立身《りっしん》・操守《そうしゅ》は、世俗《せぞく》に背《そむ》くも可《か》なり。

（言志晩録　二四八）

〔註〕　立身＝自己の確立。ここでは今いう立身出世というのとは違う。
　　　　操守＝信念を守る。

この章の主眼は後半である。日常瑣細《ささい》の事は、世間一般の習俗に従ってもよいが、しかし、事いやしくも自己の確立に関し、操守に関するものに至っては、世俗に背いてもよろしい。「自《みずか》ら反《かえり》みて縮《なお》くんば千万人と雖《いえど》も吾《わ》れ往《ゆ》かん」の毅然たるものがあるべきだというのだが、ともすると、そうした大事に臨むとぐにゃりとなり、日用の瑣事に妙に意固地になったりすることがあるものである。

七二　本邦の事跡

本邦《ほんぽう》の事跡《じせき》は、儒者《じゅしゃ》多く罔《くら》し。是《こ》れ衣《い》服《ふく》躬《み》に在《あ》りて、其《そ》の名《な》を知《し》らざるなり。而《しこう》して可《か》ならんや。（言志後録　二〇〇）

儒者には、中国の事には詳しいが、わが国の事跡（歴史）にくらいものが多い。それはあたかも、身にまとうている衣服についてその名称や寸法等を詳しく知らぬようなものだが、これでよいであろうか、というのである。

儒者というと儒教の学者で、俗にいう漢学者のことであるが、当時は学問といえば、儒学がすべてといってもよい時代であったのだから、儒者は現在でいうと、学者とか、教師とかということになるであろう。

となると今も昔も同じこと。特に戦後の学者や教師にこの傾向が強く、これで「可ならんや」の感を切にするものがある。最近この事に気づいて、国史教育の尊重ということが取り上げられようとしているのは当然である。

七三　子を教うるには

子《こ》を教《おし》ふるには、愛《あい》に溺《おぼ》れて以《もっ》て縦《しょう》を致《いた》すこと勿《なか》れ。善《ぜん》を責《せ》めて以《もっ》て恩《おん》を賊《そこな》ふこと勿《なか》れ。（言志後録　一五九）

〔註〕縦＝音「しょう」。「じゅう」は通音。「ほしいまま」と訓む。「放縦」と熟語となり「わがまま」の意に用いられている。
善を責む＝善を行わしめようと相手を責める。孟子に「父子の間は善を責めず」とある。善を責むるは朋友の道となし、父子の間に於ては、善を責むるに急にして、恩愛の情を賊うてはならぬことを教えている。

親が子を育てるには、愛に溺れてわがまま（縦）にしてはならぬが、それかといって、善くしようとあせって、それもいけない、これもいけない。ああせねばならぬ、こうせねばならぬと、余りに厳しく責めて、親の恩（愛情）を賊《そこな》ってもならぬ、というのであるが、ではどうすればよいのか。次章を見よう。

七四　厳にして慈

「忘《わす》るること勿《なか》れ。助《たす》けて長《ちょう》ぜしむること勿《なか》れ」と。子《こ》を教《おし》ふるも亦此《またこ》の意《い》を存《そん》すべし。厳《げん》にして慈《じ》。是《こ》れも亦子《またこ》を待《ま》つに用《もち》ひて可《か》なり。（言志後録　一六〇）

「忘るること勿れ。助けて長ぜしむること勿れ」は『孟子』公孫丑篇《こうそんちゅうへん》養気の章の語。宋の国の農夫が、田の苗を見回りに行くと、どうも自分の田の苗が、隣の苗よりも短いようだ。そこで伸ばしてやろうと思って、毎日それを引張ってやった。すると数日にして苗が枯れてしまったというのである。無理に「助けて長ぜしむること勿れ」とは、これを戒しめたのである。かといって幾日も幾日も苗のことを忘れて見回りもせず、草ぼうぼうにしてもまた駄目。俗謡に「思い出すよじゃ惚れよが足りぬ。思い出さずに忘れずに」というのがあるが、それが本当の愛情というのであろう。

畢竟如何《ひっきょういかん》。「厳而慈」と来た。「厳か、慈か」ではない。「厳にして慈」である。では午前は厳で午後は慈と、五〇パーセントずつなのか。そんなことではない。「厳而慈」なのである。厳なるべき時は厳一〇〇パーセント、慈なるべき時は慈一〇〇パーセントであるべきだ。ではその「時」は如何《いかん》。笑而不答*。それが日課表のように予め機械的に決められるものなら、電子計算機やティーチング・マシーンで沢山だ。親とか、教師とかいう生きた人間はいらぬ。

ところが実際になると、この生きた親とか教師とかいう人間が、電子計算機よりも劣る場合がある。ある者はスパルタ式教育などいって「厳」一徹。かと思うと、ある者は民主主義教育とか、自由主義教育とかいって「慈」一徹。鋼鉄だけの家か、然らずんば綿だけの家みたいなもので、永住の所とはされない。所詮、イデオロギーという死霊につきまとわれて、生きた人間の生命を喪失してしまうところから来るのであるが、すでにそうなってしまえば、もはや厳は厳の如くにして厳ならず、慈は慈の如くして慈ならず。「頑」（いじわる親父）となり、「放」（甘やかし母）となる。結局は師父たる者の人間の問題となるのだ。

七五　識量《しきりょう》弘恢《こうかい》の人物

好《この》みて大言《たいげん》をなす者《もの》あり。その人《ひとかなら》必ず小量《しょうりょう》なり。好《この》みて壮語《そうご》をなす者《もの》あり。その人《ひとかなら》必ず怯懦《きょうだ》なり。唯言語《ただげんご》の大《だい》ならず壮《そう》ならず、中《うち》に含蓄《がんちく》ある者《もの》、多《おお》くは是《こ》れ識量《しきりょう》弘恢《こうかい》の人物《じんぶつ》なり。（言志後録　六八）

やくざ仲間でも、大言壮語するのはチンピラの部類である。侠客の大御所清水の次郎長親分は「言語大ならず壮ならず、中に含蓄ある」人だったという。見識度量の弘恢（広く大きい）な人ならば、相手に対しては横綱がふんどしかつぎに対するようなもので、何もりきんで大言壮語などする必要もないはず。けれどもその実力からにじみ出る含蓄は、見る人から見るとわかる。ところが世間では、案外大言壮語するハッタリ屋を、あの先生はえらいなどいうからおめでたいものである。

七六　盛と衰

物《もの》その所《ところ》を得《う》るを盛《せい》となし、物《もの》その所《ところ》を失《うしな》うを衰《すい》となす。天下《てんか》人《ひと》有《あ》りて人《ひと》無《な》く、財《ざい》有《あ》りて財《ざい》無《な》し。是《これ》を衰世《すいせ》と謂《い》ふ。（言志後録　六三）

例えば木を植えるにしても、松を麓《ふもと》に植えて、杉を峰に植えたのでは、これは「物その所を失へば衰をなす」で、うまく生長しない。やはり杉は麓に、松は峰に植えてこそよく生長するのである。

人物もその通りで、適材適所、その性能に応じて各々その所を得しめれば、よくその能力を発揮し、同様に、財も適所にこれを用うれば、十全にその効果を挙げて国勢が盛んになる。しかるにこれに反して、人も財も、不純な因縁で用いられると「人有りて人無く、財有りて財無し」となり、「是を衰世と謂ふ」となる。一斎の当時にもこの事があったであろうから、これを記したのであろうが、昭和元禄の現下を照顧《しょうこ》*してまたうなずけるものがあるではないか。

七七　霜雪も亦《また》生々

栽《う》うるものは之《これ》を培《つちか》ふ。雨露《うろ》固《もと》より生々《せいせい》なり。傾《かたむ》くものは之《これ》を覆《くつが》へす。霜雪《そうせつ》も亦《また》生々《せいせい》なり。（言志録　一六）

『中庸《ちゅうよう》』に「栽者培之。傾者覆之」とあるが、天道は生々――生きとし生くるものを生かして行く――の道であるから、春夏の候の雨露によって草木を発芽生長せしめて行くのは当然である。

しかし、秋冬の節に至って霜雪を降し、枯死せしめるのは、生々の天道に反するのではないのか。この疑問に答えたのがこの章である。

霜雪はたしかに傷殺する。しかしこれあるによって結実があり、来る春を待って、一本の草木が百千本となるのである。だから秋冬霜雪の寒冷もまた「生々」だというのである。もし霜雪がなかったなら、一本の草木は永久に一本でしかあり得ず、たとえ一時は茂ってもやがては衰えて滅んでしまうであろう。これを思えば「霜雪も亦生々なり」である。さらにこの消息を人生に即して説示したのが次章である。

七八　富貴と貧賤

富貴《ふうき》は譬《たと》へば春夏《しゅんか》なり。人《ひと》の心《こころ》をして蕩《とう》ならしむ。貧賤《ひんせん》は譬《たと》へば秋冬《しゅうとう》なり。人《ひと》の心《こころ》をして粛《しゅく》ならしむ。故《ゆえ》に人《ひと》は、富貴《ふうき》に於《お》いてはその志を溺《おぼ》らし、貧賤《ひんせん》に於《お》いてはその志《こころざし》を堅《かた》うす。（言志録　四一）

〔註〕蕩＝ふやける
粛＝ひきしめる

『老子』に「福は是《こ》れ禍《わざわい》の伏《ふ》す所。禍は是《こ》れ福の倚《よ》る所」という語がある。私はかつてこの語を

借金の種は豊作の年に蒔《ま》かれ
貯金の種は不作の年に蒔かれる

と訳したことがあるが、このことは、少しく人生経験を積んでみれば何人もうなずくことであろう。顧みて富貴の順境にある時は、その時はうれしいが、後になってみると、残るものは己惚《うぬぼ》れくらいのもので、自己形成の、さらに一歩を進めて自己改造のためになるようなことは案外ないものである。これに反して貧賤の逆境に立った時は、その時は苦しいが、何とかそれを切り抜けようとする厳粛にして懸命なる努力から、今までの非を悟り、それを改め、さらに新たなるものを発見し、新たなるものを創造してゆくものである。このことを、晩年の一斎先生が、

「得意の事《こと》多く、失意の事少ければ、其の人知慮を減《げん》ず。不幸と謂《い》ふべし。得意の事少く、失意の事多ければ、其の人知慮を長《ちょう》ず。幸《さいわい》と謂ふべし。」(言志耋録　二三二)

といっているが、同じことではあるが、この方に人生経験の「年の功」が感じられる。

以上は、個人的生活についてこれを味わったのであるが、さらにこれを国家的現象について味わえばどうであろうか。高度経済成長――経済的大国――そして昭和元禄と謳われる今の日本は、たしかに「富貴」といわれよう。それなるが故に「富貴は春夏なり。人の心をして蕩《とう》せしめ、その志を溺らせ」つつある。「貧賤」なりし明治初期の「人の心をして粛《しゅく》せしめ、その志を堅《かた》う」した時代と思いあわせ、而《しか》してさらに一斎先生在世当時、元禄後の江戸の富貴の中にこの章を記したことを思うて、深思禁ぜざるものがある。

七九　人生の三期

余《よ》自《みずか》ら視《し》・観《かん》・察《さつ》を飜転《ほんてん》して、姑《しばら》く一生《いっしょう》に配《はい》せんに、三十《さんじゅう》已下《いか》は、視《し》の時候《じこう》に似《に》たり。三十《さんじゅう》より五十《ごじゅう》に至《いた》るまでは、観《かん》の時候《じこう》に似《に》たり。五十《ごじゅう》より七十《ななじゅう》に至《いた》るまでは、察《さつ》の時候《じこう》に似《に》たり。察《さつ》の時候《じこう》は当《まさ》に知命《ちめい》・楽天《らくてん》に達《たっ》すべし。而《しこう》して余《よ》の齢《よわい》今《いま》六十六《ろくじゅうろく》にして、猶《な》ほ未《いま》だ深《ふか》く理路《りろ》に入《い》る能《あた》はず。而《しか》るを況《いわ》んや知命《ちめい》・楽天《らくてん》

に於《お》いてをや。余《よ》齢《よわい》幾《いく》ばくも無《な》し。自《みずか》ら励《はげ》まざる容《べ》からず。（言志後録　二四〇）

〔註〕視＝物の外形をみる。

観＝視よりもさらに深く、その物の本質内容までみる。

察＝視や観よりもさらに深めて、対象の客観と、主観の我との両者に通ずる天理をつかむ。


『論語』に「その以《な》す所を視《み》、その由《よ》る所を観《み》、その安んずる所を察すれば、人いづくんぞ廋《かく》さんや、人いづくんぞ廋《かく》さんや」という章があるが、この視・観・察の三段階を、一斎が「一生に配して」翫転（解釈）したのがこの章である。即ち彼は

三十以前＝視の時代
三十～五十＝観の時代
五十～七十＝察の時代

とし、そして五十過ぎともなれば、自らの命を知り、天運を楽しむ所まで行くべきだ

とし、そして反《かえ》りみて「余の齢今六十六にして、猶ほ未だ理路（宇宙人生の原理に参究する路）に入る能はず。而るを況んや知命・楽天に於てをや。余齢幾ばくも無し。自ら励まざる容《べ》からず」と自責し、自励している。われわれは六十六にして猶《なお》かつひた向きに人生を登る彼のこの後姿をこそ尊しと慕う。

八〇　老人は遜譲

老人《ろうじん》は尤《もっと》も遜譲《そんじょう》を要《よう》す。（言志耋録　三〇二）

この章も一斎自身自らを戒めたものと思う。自信過剰の老人を「もんだ族」という。人を見ると「これはこういうもんだ。あれはああいうもんだ」と自分の考えを押しつけるからだ。これに対して、若いインテリ層を「べきだ族」という。経験もないのに、ただ理論だけで、「こうあるべきだ、ああああるべきだ」と押しまくるからである。これは両者共に反省すべきであるが、八十の老大儒《ろうたいじゅ》一斎が、自らかくいっているのである。いわんや一般老人においてをやだ。謙譲の徳は何人にも尊いものであるが、「老人は尤《もっと》も遜譲を要す」という一斎をさすがだと思う。

八一　天を師とす

太上《たいじょう》は天《てん》を師《し》とし、其《そ》の次《つぎ》は人《ひと》を師《し》とし、其《そ》の次《つぎ》は経《けい》を師《し》とす。（言志録　二）

最上の師は天であり、次は人、次は経書だという。では「天」とは何か。わかりやすくいえば神といおうか。天地間一切の絶対なる主宰者であり、規範である。私どもはその如実な姿を天日に観る。そしてその天日の作用たる寒暑・涼暖・風雨・雨雪等々の天候による春生・夏長・秋収・冬蔵の地上の化育の姿に観る。

人間もその一物として、その化育に生きるのである。だから人道の根原はこの天理にあるべきである。それ故に、私ども凡人でも、この天理に啓発せられることがしばしばある。敢《あ》えてここでしばしばあるといったのは、天はもの言わぬからである。説明などしない。しかし「天行《てんこう》健《すこやか》なり。君子《くんし》は以《もっ》て自彊《じきょう》息《や》まず」（易経）で、君子は天の運行を師として自彊不息《じきょうふそく》*の教を悟得するのである。

しかるに、われわれは人を師とし、その人の解説する経書の文字を師と考える。わるくはないが「其の次」「其のまた次の次」なのである。試みに思え、孔子の在世中に『論語』ありしや。釈迦の在世中に経文ありしや。キリストの在世中にバイブルありしや。而《しこう》して更に遡れば、堯舜《ぎょうしゅん》は何の書を読み、何人を師とせしや。

これを思えば一斎が「太上は天を師とす」といった所以《ゆえん》がわかるであろう。ただ注意すべきは、この章は決して人や経を軽んじたものではなく、人や経の教の中から「天」を把握し、天を師とすべきことを説いたものであり、いわゆる論語読みの論語知らずにならぬように戒めたものであることである。

八二　臨歿《りんぼつ》の誠意

誠意《せいい》は是《こ》れ終身《しゅうしん》の工夫《くふう》なり。一息存《いっそくそん》すれば一息《いっそく》の意有《いあ》り。臨歿《りんぼつ》には只澹然《ただたんぜん》とし

て累《るい》無《な》きを要《よう》す。即《すなわ》ち是《こ》れ臨歿《りんぼつ》の誠意《せいい》なり。（言志耋録　三三九）

この章は『言志耋録』の最後より二章目のもの、一斎先生の大生涯の結語とも見られるものである。

この大結語に一斎先生は「誠意は是れ終身の工夫なり」といっている。「誠意」とは儒教の根本事であり、「誠」とは天地生々の根元、随《したが》って人間生々活動の根元である。神性といおうか、仏性といおうか、私心や、私欲や、そんなケチなものではなく、天地の大生命そのものである。その誠より発するものが「誠意」なのである。いかにしてその誠意に生きぬくか、それがわれわれの終身の工夫なのである。

そして「一息存すれば一息の意有り」――最後の一息でも、息の存する限り、それはわが意から発するものだ。だから臨終にも「只澹然《たんぜん》として累《るい》（わづらひ）無きを要す」――澄みきった、静かな、何ものにもわずらわされぬ、誠そのものの息であらねばならぬ――それが「臨歿《りんぼつ》の誠意」である、といっているのである。

『言志耋録』の出版は一八五三年（嘉永六年）であるから、この章を誌《しる》したのは死の六年前、先生の八十二歳の時である。ところで『言志後録』三四章に「克己《こっき》*の工《く》夫《ふう》は、一呼《ひとこ》吸《きゅう》の間《あいだ》に在《あ》り」というのがあるから、息（呼吸）についてはすでに五十代までに深く体得して居られたはずであり、それが八十を超えて、臨終の覚悟としてのこの語となって誌されているのである。真の学とはこういうものであることを思えば、顧みて粛然たるを覚える。

この息について、禅では「坐《ざ》息《そく》」といって、坐とともに修行の根本事として重んじている。実は私も三十代からこの事に意を用いているのであるが、知識としては、息に風《ふう》・喘《せん》・気《き》・息《そく》の四つがある。風・喘に堕せぬよう、気・息の呼吸をせねばならぬとは知っているが、実際はなかなかそうはゆかず、何かにぶっつかると乱れているのに気づき、自分で自分を「馬鹿野郎！」と心責することがしばしばある。自分が下根《げこん》であることを恥じれば恥じるほど、一斎先生のこうした語が、名医の一鍼のようにひびく。

補説・「我づくり」のための探究

——敬の弁証法——

敬の弁証法

――天地生々の道――

愛敬《あいけい》の心《こころ》は、即《すなわ》ち天地《てんち》生々《せいせい》の心《こころ》なり。草木《そうもく》を樹芸《じゅげい》し、禽蟲《きんちゅう》を飼養《しよう》するも、亦唯《またただ》此《こ》の心《こころ》の推《すい》なり。（言志晩録　一八八）〔八一頁参照〕

〔註〕　樹芸＝植えて手入れする。
　推＝この心を推し及ぼすもの。

この章によると、草木禽獣《そうもくきんじゅう》も亦《また》此の「心の推なり」とあるから、その前に「人事は勿論」という一句が省略されているのだと読むべきでありましょう。天地は「生々」である。生々とは枯衰の反対で、「永遠の生命」に立つ「無限の進化」であります。そしてその根元的な本質が「愛敬の心」であるというのであります。

私は以前よりこの「愛敬の心」に深い関心をもつようになり、現在の私の人生観の要素となっておりますので、此の章には特に心をひかれるものがあります。そこで徒《いたず》らに多くの章句を抽出して平板《へいばん》的味読を続けるよりも、この辺で、この一章を取って、かみしめかみしめ、さらに反芻《はんすう》も重ねて、十分深く味わって見たいと思います。随《したが》って文体も、原稿用紙に向かって文を書くという形態から離れて、道友とともに語り合うという形に致しました。

一斎のこの語によれば、「愛敬」の心は「天地生々」の心であると申します。「天地生々」は「宇宙生命の無限の進化――ヘーゲル――」の意であり、そしてそれを推進し、実現するものが「愛敬」の心であるというのであります。そこで私はこの章を温故知新すべく、日本の「むすび」の道と、ヘーゲルの弁証法と、そして孝経の「愛敬の徳」とを参考として、我づくりのための探究に努め、「敬の弁証法」ともいうべきところにたどりついたのでありますが、以下それを、左の目次によって述べてみたいと存じます。

目次

一 「むすび」と「わけ」

宇宙人生の進化のあり方には「むすび」と「わけ」との二つがあります。「むすび」とは(A)のように、わければ二つになるものでも、これをむすんで一つにしようとする

(A)

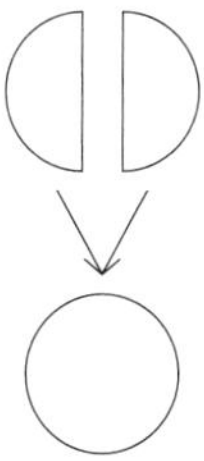

(B)

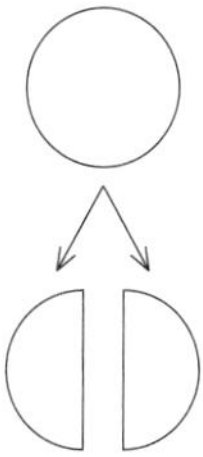

行き方であります。それに対して「わけ」とは(B)のように、むすべば一つになし得るものでも、これをわけて二つにして、対立的にみる行き方であります。

この二つのうち、戦後は「わけ」の方がはやっているようでありまして、大きくいえば国際的には東西両陣営の間に於ても、国内的には与野党の間に於ても、企業体に於ける労使の間に於ても、さては学校に於ける教師と学生の間に於ても、そして家庭内に於ける親子の間に於てさえも、「わけ」の方がはやっているようであります。むすべば一つになり得るものまでを、強いてわけて、対立的にすることがはやっているようであります。

私はあえてはやっているという俗語を用いましたが、はやり――「流行」――というものは不可思議な力を有するものでありまして、あたかも婦人のスカートの長さのように、ミニ（短）であろうと、ミディ（中）であろうと、マキシ（大）であろうと、そのものの是非善悪に対する批判を抜きにして、これを肯定せしめる不可思議な魔力をもつものであります。現在の「わけ」の現象も、私はこの流行の因子を多分にもっているものと思います。

しかし、「わけ」からは新しいものは生まれてまいりません。「わけ」に於ては分析が可能であり、そのために、一見分かりやすい点はありますが、それは往々にして破壊をともなうことはあっても、それによって新しいものを産み出してゆくということは無理だと思います。それに対して「むすび」の道は分ければ分けられるものを一つに結んで行くという行き方でありますから、現代の流行的感覚からすれば、なまぬるい、妥協的態度の如く見えるかも知れませんが、しかし新しいものを生み成してゆくはたらきは、この「むすび」から生ずるのであります。

二　「むすび」

「むすび」という言葉は、純粋の日本語であります。現代では「むすび」といえば「結合」の意味に用いられておりますが、大陸から漢字が初めて伝えられた当時、私どもの祖先はこの「むすび」という日本語に「産霊」という漢字をあてたのであります。（『日本書紀』の「高《たか》御《み》産霊神《むすびのかみ》、神《かみ》産霊神《むすびのかみ》」の「産霊」参照。）産《むす》霊《び》は産む霊妙なるはたらきの意味でありまして、産を「むす」と訓み、霊を「ひ」と訓んだのであります。ですから、今でも産んだ児（男）を「産《む》す子《こ》」（息子）といい、産んだ女を「産《む》す女《め》」（娘）といい、また国歌君が代の「小石《さざれいし》の巌《いはほ》となりて苔《こけ》の産《む》すまで」も、苔の生まれる――生《は》える――までの意味なのであります。

次に「霊《ひ》」ですが、これはものを産む霊妙なるはたらきであります。そのはたらきによって産まれた子女を「霊《ひ》子《こ》」「霊《ひ》女《め》」（比古、比女。彦、姫）ともいうのであります。かようなわけで、古代語の「むすび」は、ものを産むはたらき――現代語でいえば「生産作用」――の意味に用いられたのであります。

では、この現代語の「結合」の意味のむすびと、古代語の「産霊」の意味のむすびの間にいかなる関係があるのか。私はこの両者の関係を次のように考えるのでありま す。結合は経過（プロセス）であり、産霊は結果である。産霊という結果をもたらすためには、結合という経過を経なければならぬ。結合という経過を経て、はじめて産霊という結果に至るのである、とこう考えるのであります。

この最もよい実例が結婚でありましょう。夫たる男性と妻たる女性とが結婚（縁むすび）によって、霊肉ともに完全にむすばれることによって、そこに今までなかった新たなる生命を産み出すという産霊が生ずるのであります。この陰陽大和の道こそ実に万物生々の大原理なのでありまして、「結ばざる所に産霊なし」であります。もし一旦夫婦の縁を結んでも、その結びが破れてわかれてしまえば、そこにはもはや「産霊」はありません。（この点、古事記の原理に学ぶ。）

このことは農業に於ても同様でありまして、ここに世界一の種子があり、それを帝王の黄金《こがね》の座に安置したとしても発芽は致しません。この種子を大地に結び、それに水を結び、日光を結び、肥料を結び、必要に応じては薬剤をも結び、かくてはじめて発芽し、生長し、開花し、結実するという「産霊《むすび》」を生ずるのであります。

工業も同じことで、いかに精巧な大規模の機械を備えた近代的設備を有し、いかに豊富な原材料を準備したといっても、それらの原材料を機械に結び、そのはたらきによって各種素材を結んでやらなければ、製品は生産されません。ですからもし、スト等によってそれらの結びが断たれれば、たとえ設備があろうと、原材料があろうと、何ものも生産されません。

第三次産業においても然《しか》りで、商業やサービス業等においても、結局は人と人との結びによってその事業の業績があがるものであることは、セールス活動において人間関係をいかに重視するかを見れば明らかなことでありましょう。商取引といっても結局は人と人との結びによって成立するものではないでしょうか。

かくて生命体たると、無生命体たるとを問わず、「結合なき所に産霊なし」でありまして、私どもは今更ながら、むすびという日本語のもつ深遠な意義を知り、そしてこの語に「産霊」の漢字を当てたわれらの祖先の深き智慧《ちえ》に敬懐禁ぜざるを覚えるのであります。

三　「むすび」の理論としての弁証法

もちろん、現状を破るためには、一応は対立や闘争の「わけ」の道も必要な時があるでありましょう。けれどもそれは、よりよきもの、より高きものを生み成して行くための一つの手段であって、「わけ」そのものからは新たなるものを生み成して行くということは出来ません。しかるに戦後は前述の通りこの「わけ」の方が流行《はや》って、「むすび」の行き方を前時代的のものの如く考える向きが多いのでありますが、私どもは時流は時流としても、何が流行《はや》るかという「新」を考えると共に、一体何が「真」なのかということを考えて、「むすび」の道に立つことを本体として行きたいと思います。

ではいかにすればむすべるか。その一つの在り方を示したものとして思い浮かぶのがヘーゲルの弁証法であります。ヘーゲルの弁証法についてはここに改めて申すまでもないことと存じますが、その要点を摘録してみますと次のようになるでありましょう。

一　宇宙生命は無限に進化する。「無限の進化」――これが宇宙生命の本質である。
二　その無限の進化の法則が即ち弁証法である。
三　そして、その弁証法というのは――

(1)　ある時代の、ある社会に於て、一般の人々によって承認される規準が存する。それを「正」These という。
(2)　しかし、それが永久に固定して変わらないものとすれば、無限の進化は停止するので、やがて宇宙生命の内部的成長によって、一見「正」と反するような新しいものを生ずる。これを「反」Antithese という。(これはたとえば、右上の図のように今年生えた幹に、来年は違った方向に枝を出すようなものである、と解してよいであろう。)

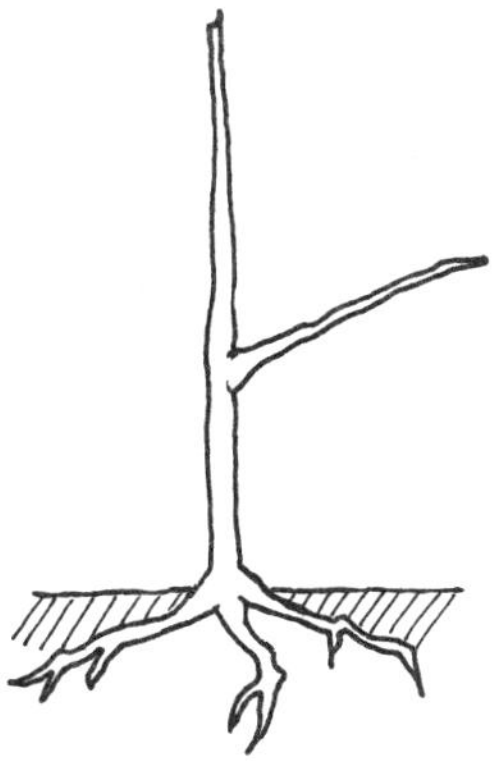

(3)　そして、しばらくの間は「正」「反」の両者の間

に、矛盾——対立関係を生じ、場合によっては闘争にまで到ることがある。（これはいうなれば「わけ」であって、随って産霊の作用〈無限の進化〉は一時阻止せられる。）

(4) そこで、無限の進化を本質とする宇宙生命——その故に人間生命に於《お》いても——は、やがて第三の新たなる方向に向かって進んでゆく。即ち、今までは対立関係にあり、闘争状態にあった「正」と「反」とが、互いに相手の中によきもの、高きものを発見し、今まで同一平面において相手のわるい所だけを見て排斥《はいせき》し合っていた態度を改めて、互いに相手からよいものを取り合って、それを結んで、

(イ)「正」のみでもなく、

(ロ)「反」のみでもなく、

(ハ)「正」の中のよいものと、「反」の中のよいものとを結合することによって、新たなる第三のものを産み出してゆこうという態度を生ずるようになる。これを「止揚」Aufheben という。（「止揚」は争いを、止めて、より高い所に揚げるの意である。）

(ニ)その結果、新たに生まれ出たものを「合」Synthese という。（「むすび」の思想

からいうと、右の「止揚」を「むすび」という日本語で訳し、結合することによって産霊するの意をもたせたいと思う。そうすると「合」を「一」と訳した方が一層適切な訳であるかもしれぬ。）

(5) かくて、新たに出来た「合」は一般の認める所となり、それが新たなる「正」となる。

(6) こうして、「正」→「反」→「合」＝「正」→「反」→「合」と無限の進化を続けてゆくのである。

右がヘーゲル弁証法の骨子《こっし》でありまして、以上を試みに図解すると右のようになるでありましょう。

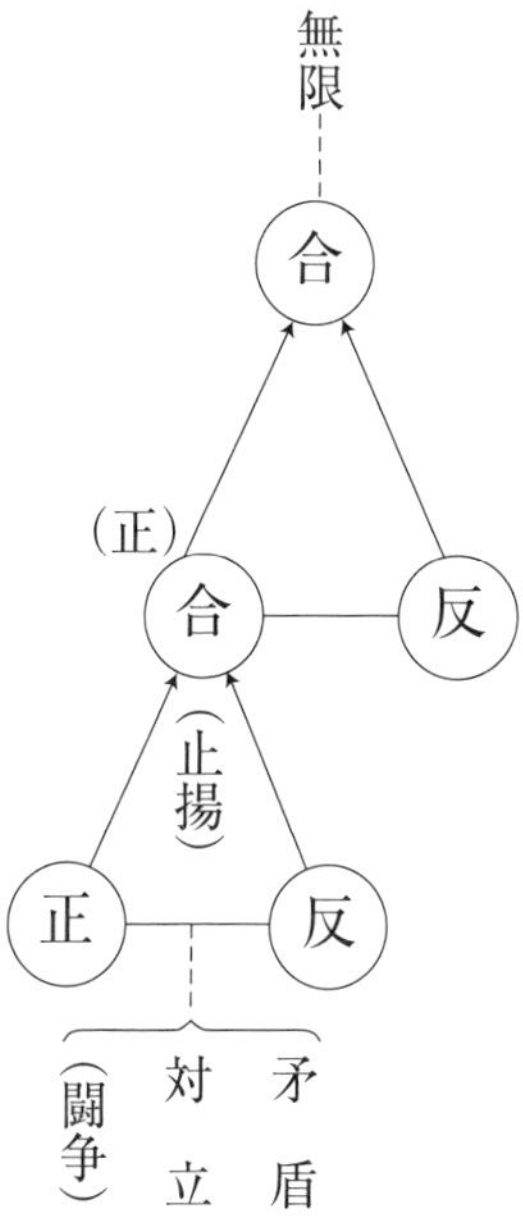

この弁証法理論は、現下の事実に即しても十分うなずかれるものがあります。例えば農家における農業機械化の問題についてみても、親は従来のしきたりでよい、何も

高価な機械購入に莫大の金をかけなくても、従来のやり方でやっていけるではないかという。これに対して息子は、トラクターも、コンバインも、そして運搬車も、乗用車も購入して労働生産性の向上と、豊かなレジャーとを要望する。かくて多かれ少なかれここに正反の対立を生じて来るが、やがては「合」に落ち着いて来るのであります。

これを大にしては東西両陣営対立の理論的根拠たる資本主義対共産主義の関係においても然るものがあります。従来の資本主義に対して発生した共産主義はたしかに大いなる「反」でありまして、その間に矛盾・対立・闘争を生ずることは無限の進化への一過程と見るべきでありましょう。けれども両者の止揚作用（むすび）によって、やがては新たな「合」の第三型態を産み出すであろうことは、東西両頭目たる米ソの行き方によって、事実を以てすでに実証せられつつあるではありませんか。アメリカを始め西欧の自由主義経済は、自由主義といいつつも、実は修正自由主義的の福祉国家的なものとなっており、必ずしもアダム・スミスの原始自由主義そのままの形態ではありません。同様に、いまだ共産革命途上に在るというべき中国は、マルクス・レーニンの原始共産主義を守本尊として握りしめているが、すでに数十年を経過して共産主義の成長段階に入ったソ連においては、その内部的成長より「反」と見られる現象が現れ、資本主義の中から取り得るものを取って、修正共産主義的な線を打ち出しつつあるのであります。

かくて自由・共産両陣営とも、自国本位の民族主義的立場から、理論としては自由主義、共産主義としのぎをけずって争っては居ても、実際においては共存の名のもとに、実は両者ともに第三の新たなる「合」を産み出すべく止揚しつつあるのではありますまいか。

〔附〕このヘーゲルの弁証法を学んで、これを階級闘争の自説に転用し、しかもゆがめて転用したのがいわゆるマルクス弁証法であります。マルクス弁証法の批判をここでくどくどと申すつもりはありませんが、ただ一つだけ申したいことがあります。それは彼のいわゆる第四階級たる無産労働者が政権を握れば、もはやそれ以下の階級はなくなるのであるから、無産独裁政権は対立なしに永久に存続するという点についてである。彼のこの所説に随えば、無産政権は最善にしてかつ最終のものであることとなり、それ以上のものへの進化を拒否することとなるのであるから、それは「無限の進化」を否定するものであって、随ってそれは明らかに弁証法の自殺であるということであります。

四　「むすび」の徳

ヘーゲルの弁証法は、極めて明晰《めいせき》に「むすび」の理論を説述して居ります。にもかかわらず、これだけのことを明らかにして居りながら、何故にこの学説の中からマルキシズムのような対立と闘争に狂奔する学説が生まれ、そしてそれが事実として人類を駆り立てているのか。私はここに大きい疑問をもたざるを得ないのであります。

この疑問に直面した私に、ひらめいてきたのが、西洋の学問と東洋の学問との本質的相違であります。西洋の学問は、理論の荘厳を特徴と致します。それはすべてのものを一応客観的に取り扱い、その故にこれをあたかも他人の死体を解剖するように分析し、説明するので、その理論は極めて明晰に展開せられ、何人にも容易に理解されるのであります。かくて西洋の学の特徴を一言でいえば、理論によって構成せられる「知識」であり、この「理論」に立つ「知識」を理解し、記憶することが、西洋的な意味に於ける学問とされているのであります。

　これに対して、東洋の学は「徳」を重んずるのであります。「徳は得なり」という語があるように、徳とはわが身で行って、その実行的体験の蓄積によって、「わが身に得たるもの」——すなわち体得したものなのであります。この間の消息は神道たると、仏教たると、儒教たるとの別なく、単にその道の理論を知識として記憶する「大脳の表皮細胞の変化」のみを以て足れりとせず、「行《ぎょう》」によって体得した「全身の全細胞の全変化」を来すものであることが要求せられ、かくして得たるものを「徳」というのであります。「口耳三寸の学」とか「ウシのケツ学問」とかいうやゆの語の存するのもこの故であります。「口耳三寸の学」とは「小人の学は耳より入りて口に出づ。口耳の間四寸のみ。いづくんぞ六尺の軀《からだ》を美にするに足らんや」という『荀子《じゅんし》』の語から取ったものでありまして、耳から聞いた言葉を、そのまま口に出してとうとうとしゃべったところで、学問するのは口耳の間の三寸（もしくは四寸）の部分だけではないか。これを現代流に、耳から聞いた言葉を、テストの紙に書いて答案を出すことを学問とするならば、耳と手との間わずかに二尺のみ、いずくんぞ六尺の軀《からだ》（全身）を美にするに足らんやとなるでありましょうか。「ウシのケツ学問」とは禅の隠語で「牛（もう）の尻（しり）で「ものしり学問」の意味であって、実地の体験（修行）を経ない百科事典的知識にすぎないという諷刺的《ふうしてき》の語なのであります。

ですから、いくら理論的知識として「正」と「反」とを「止揚《しよう》」して「合」に至るということを知り、かつ論じても、その人に、そのことが立派になしおおせるだけの「徳」が備わって居らなければ、それは要するに「口耳三寸の学」であり、「牛《うし》の尻《けつ》学問」に過ぎないのであります。

ヘーゲルの弁証法もその通りで、正と反とを止揚することによって産霊することができるためには、その人に、その徳が養われねばならぬのでありますが、ヘーゲルの所説にも、西洋学一般の通弊であるこの面が欠けていたのではないでしょうか。そこで私は、「むすび」の道を実行し、実現するためには、いかなる「徳」を養えばよいのか――これを東洋の学にたずねることに致したのであります。

五　孝の道

東洋における「むすび」の道――これを私は『孝経《こうきょう》』にたずねたいと思うのであります。「孝」と申しますと、世間一般では「親孝行」と解して、子の親に対する一方的屈従の道徳であるかの如くに浅解《せんかい》し、孝をいかにも封建的道徳の遺物の如く曲解しがちでありますが、少しく掘り下げて孝経を心読するならば、決してそんなものでないことがわかるでありましょう。

まず「孝」という字の説文学的解明からはいりましょう。「孝」の字の本字は「孝」でありまして、「老」と「子」を組み合わせた会意文字であります。「子」が「老」を戴《いただ》いてこれに仕え、「老」が「子」を抱《いだ》いてこれをいつくしむという、「老」「子」の間の相関的結合を意味する文字なのであります。そして「老」「子」は必ずしも親子の間だけのものではなく、この代表的の文字によって象徴せられるもろもろの間柄を網羅するものなのでありまして、このことは『孝経《こうきょう》』開巻劈頭《へきとう》に「それ孝は徳の本《もと》

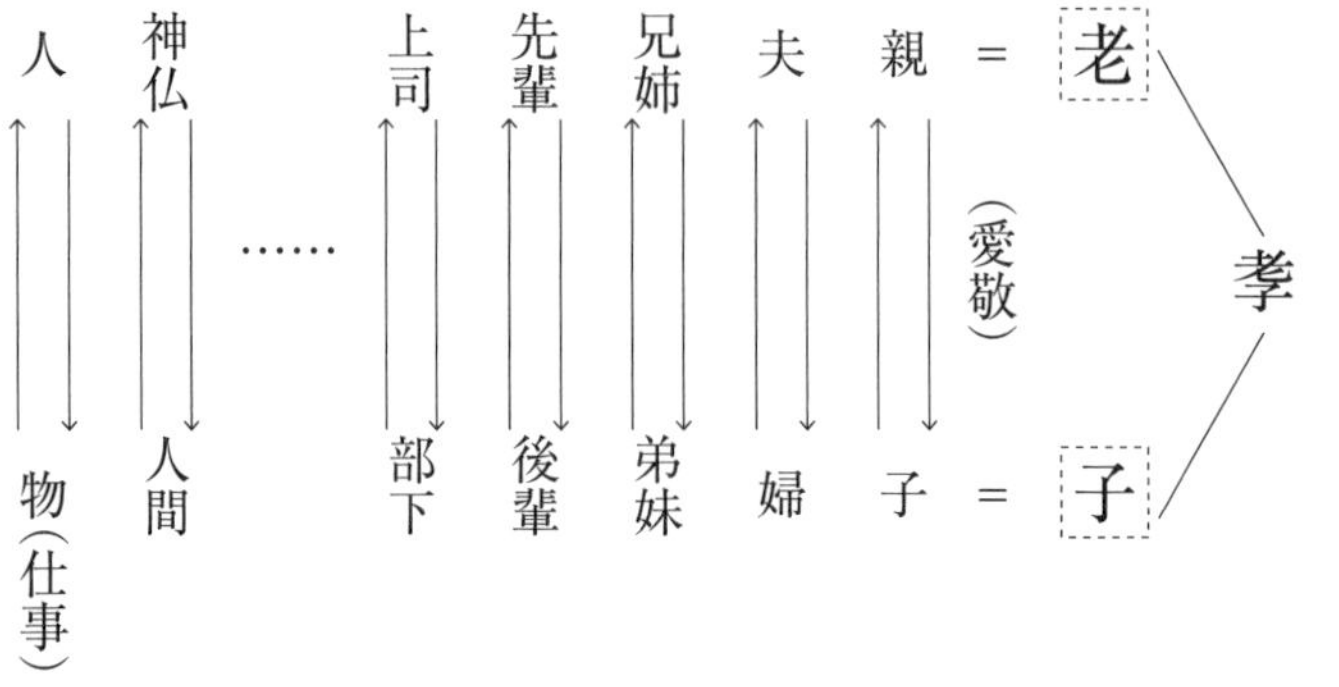

なり。教《おしえ》の由《よ》って生ずる所なり」とあるのを見ても明らかであります。孝は一切の徳、一切の教の根本的のものであって、この原理は上の図解の如く、一切の関係に活用されるのであるというのであります。

では、この「老」「子」の間の「むすび」――世間では「労使関係」のことでごたごたしているが、同じ「ロウシ」でもこれを「老子」とすれば、必ずしもマルクスのいうような仇敵関係、闘争関係だけでない「ロウシ」関係が出来てくるであろうが、その老子のむすび――をスムーズにむすんでゆくには、いかなる「徳」をもつ人でなければならぬか。西洋学において見逃しがちな、この「徳」について、これを『孝経』にたずねて見ることと致しましょう。

むすびの徳――これを『孝経』では「愛敬の徳」の

上に立たねば孝の道は行われぬと教えているのであります。

なお、蛇足かも知れぬが、ここで一言しておきたいことがあります。それは狭義の孝と広義の孝についてであります。孝とか、孝行とかいうと、世間では子の親に対する「親孝行」と解し、そのために「孝」などいうことは、子の親に対する一方的屈従を強いる奴隷的道徳であって、封建的道徳の遺物であるかの如《ごと》く罵《ののし》るものがありますが、これは孝の狭義的意義のみを知って、広義的意義を知らぬ食わず嫌いであります。

孝とは前述の如く「老」と「子」との間が、愛敬の徳によってむすばれる相互関係の道徳でありまして、決して一方的強要のものではありません。ですから、愛敬の徳を以て子が親にむすぶ道を「親孝行」というならば、親が愛敬の徳を以て子にむすぶ道は「子孝行」というべきでありましょう。

ただ従来、教育の場が、子弟を対象としたものが多かったために、子の親に対する孝（即ち親孝行）の方に重点をおいて説かれたもので、もし親を対象とした教育の場たる父親学級とか母親学級の如きにおいては、「子孝行」の道を学習すべきでありましょう。この親孝行と子孝行と両々相俟《あいま》ってこそ、そこに本当の孝の道が行われるのでありまして、この意味においては「父母ニ孝ニ」とともに「子女ニ慈ニ」も伴うべきものと思います。

同様に、夫婦の間においても「夫唱婦随」の言葉じりを取って、夫は暴君的命令を下し、妻は奴隷的屈従をするものの如く解して云々することは、易《えき》の深理を究めずして呶々《どど》する（さわぎ立てる）無学の徒のヒステリー以外の何ものでもありますまい。夫は妻を愛敬し、妻は夫を愛敬する、そこにこそ真の「夫妻相和シ」があるでありましょう。もっと詳しくいうならば、後に述べるように、親子・夫婦が互いに愛敬し合うことによって、そこにより高次のものを産み出して行くところに、本当の「むすび」が生ずるのでありまして、どっちか一方に従うというよりは、両者共に正しい「道」に随喜することこそが「むすび」の道であり、「孝」の道なのであります。

兄弟姉妹の間も、師弟の間も、先輩と後輩の間も、上司と部下の間も、さては人と仕事の間も、すべてその通りなのでありまして、これを「孝は徳の本なり。教の由って生ずる所なり」と申すのであります。いやしくも聖人の教として、千載《せんざい》の後に伝わる『孝経』の所説が、そんな不釣合な、一方交通的な、不完不備のものであるはずはないでありましょう。

六　愛敬の徳

では愛敬の徳とは何か。

ここで前以てことわっておきたいが、それはあくまでも「徳」である――単なる理論や知識ではなく、愛敬という態度（人柄）そのものである――ということである。やむを得ずしてこうして文字や言葉を用いているのだが、愛敬とはこんな文字や言葉ではない。私どもの無意識の間に発せられる一言一句、一挙手一投足にも、からだからからにじみ出るまでに「全身の全細胞の全変化」を来したものでこそ初めて「徳」というものである。これを忘れて「愛敬」など口の先で百万べん並べたてたところで、それは愛敬でも何でもなく、ただの空気の振動に過ぎぬ。愛敬の徳は、活字や音波ではない。「徳」なのであります。

しかし仕方がないから文字で書く。

私ども人間の態度――その端的な現れとしての感情を大別して次の三つにすること
が出来るでありましょう。
「憎」
「愛」
「敬」
「憎」は「にくむ」「にくしむ」で、この態度からは、相手との間が「わけ」「わかれ」になってしまって、決して「むすぶ」ことは出来ません。その最も顕著なものが戦争でありましょう。ですから戦争の時は敵味方共に憎しみの情に激怒して、平常の心では考えられぬような残忍な殺傷までも敢えて辞さぬということになるのでありま
す。これは戦争が終わっても、俄かにはおさまらず、しばらくの間は世界がこの怨憎《えんぞう》の焔に包まれ、人々は口には平和を唱えつつも、闘争暴挙を好むのが常でありまして、第二次世界大戦の後においてもこれを見、そしてその余燼《よじん》は今日にも存するのであります。かくてこれを図で表せば――

憎＝

となるでありましょう。

しかし人々は、いつまでもこの状態で居ることは耐えられぬ苦悩でありまして、やがては次の次元に進むのでありますが、それが「愛」であります。愛はたしかに自他の間を結んで一つに致します。その意味で愛は幸福であります。けれども、愛はその前提条件として、自他の間に「同」――共通する同じもの――の存することを要求します。全く「異」――全然共通性のないもの――の間には愛は生じません。親子・夫婦・兄弟・友人等の間の愛も、何らかの面に於て相通ずるものを有するからでありましょう。

ところでここに一つ問題があるのです。それは我と全く同じものはない。全く同じものは自己以外にはないということであります。それが親子であろうと、兄弟であろうと、どこか違う所があるのでありますが、その場合にどうなるかということであります。これについては親子の関係について具体的に考えてみましょう。子供の幼いうちは、たいていは親のいうことを聞くものですが、次第に成長して来るに随って、肉体的に親よりも大きくなるように、精神的にも親のもっていないものをもつようになります。ことに戦後の日本のような社会の激変期においては、この差が顕著に現れ、それが余りにも大きく隔って来ると、親子の愛からはみ出してしまうことがあるに至るのであります。そうなると「可愛さ余って憎さ百倍」という諺のように、愛は一転して憎しみに変わる可能性をもつのであります。

このことは夫婦の間においても同じでありまして、結婚する以上、二人の間に愛があったことは当然でありましょう。しかしいくら仲のよい夫婦といっても、第一に男女の性を異にし、それに違った父母より生まれたのであるから遺伝因子を異にし、さらに二十幾年育って来た家庭の環境因子を異にするのでありますから、長い生涯の間、幾多の事件に直面して、二人が全く同じ反応を呈し、同じ意見をもって、一度も違うことがないなどいうことは恐らく望み得ないことでありましょう。その違いが余りにも大きくなって、ついに離婚という所までゆくのを見ると、ここにも「可愛さ余って憎さ百倍」の現象を見るでありましょう。

こうして見ると、愛は尊いが、しかしそれには一定の限界があって、それをはみ出してしまうと、忽ちにして「憎」に転落する危険をもつものであります。この現実に対して「愛」だけで押し切ろうとする人々は、「それは愛が浅いからだ。小さいからだ。真に大愛に徹し、深愛に徹すれば、相手との矛盾をも包容してゆけるものだ」というでありましょうが、しかしそこまでゆけば、憎に対する愛という観念よりは遥かに高次のもので、同じ愛の名で呼ばれても、それはすでに次元を異にするものでありましょう。かくて愛は、大抵の場合は相手とむすびますが、時にはわかれる場合もあるということになり、これを図式化すれば、

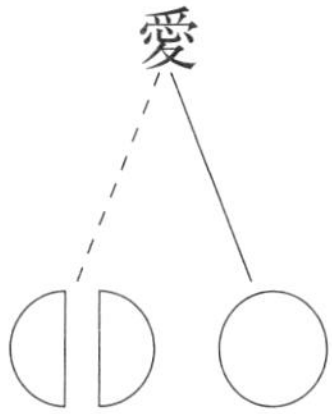

となるでありましょう。

相手に違ったもののあることを認めつつ、これとむすんでゆくにはどうあるべきか。ここに「敬」のゆき方があるのであります。「敬」は「たかし」と訓み、また「うやまう」とも訓むのによってもうかがわれるように、自分よりも高いものに対して抱く感情であります。相手の違った部分のすべてを敬せよといってもそれは無理であります。相手の違っている中から、自分よりも高いものを発見して、それを敬するのであります。

私はここで「発見」という言葉を用いましたが、すべて物事は、単に在るだけでは、その存在を認識するには至りません。在るから見るというのもいいでしょうが、見るから在るということをも忘れてはなりますまい。例えばアメリカ大陸はコロンブスのアメリカ発見以前よりすでに在ったのでありますが、発見することによってはじめてその存在が明らかになったでありましょう。これと同様、相手の高いものも、これを発見しなければわからぬでありましょう。その高いものを発見して、これに対する態度が「敬」なのであります。

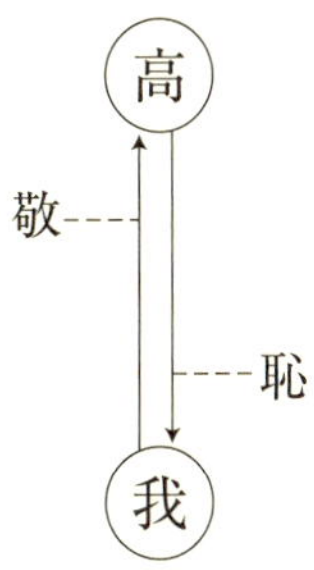

ところで相手を、自己よりも「高いもの」をもつとして、これを敬すれば、またその反作用として、その高いものに比して自己をかえりみるようになり、そこに生ずる態度を「恥《はじ》」というのでありまして、これは表裏一体のもので、これを「敬恥《けいち》の情」と申します。

これに反して、相手の高いものを発見出来ず、相手の違っているところのすべてを、自分よりも低いものと見くびり、侮《あなど》り軽んずる態度、これを「侮《ぶ》」と申します。この侮の態度を以て相手に対する時は、自分はえらいものだと己惚れるようになります。この己惚れの心からそこに「慢《まん》」――たかぶる――という態度が生じ、「自慢高慢馬鹿のうち」となってしまうのでありまして、これを「侮慢《ぶまん》の情」と申すのであります。

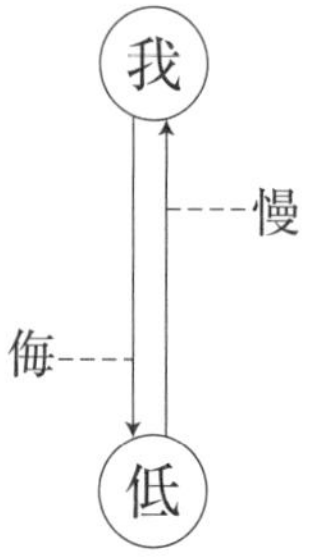

以上の「敬恥」の態度と、「侮慢」の態度と、この二つの態度の中で、いずれが自《みずか》らを向上せしめ、そして自他を包含しての社会を進化せしめて行くでありましょうか。これはいわずもがなでありましょう。

「結合」するところに「産霊」あり。結ばざるところに産霊なし。違ったものを認めながら、しかもむすんで行くところに「止揚」によってより高き新たなる「合」を産んでゆくことを説いたのがヘーゲルの弁証法であるが、その実現のためには、前提条件として、まず相手とむすぶ「愛敬の徳」が備わらねばなりません。そしてその中でも特に「敬」の徳が身に備わらねばならぬということを銘記《めいき》すべきであります。このことを忘れて、徒らに弁証法理論を喋々し、歴史的必然性と称して「社会進化」を豪語したところで、それは「牛《うし》の尻《けつ》」論者達の、「痴人の夢」物語ともいうべきもので、私どもはまず、「敬の徳」を身につけることから始めねばならぬでありましょう。ただし、ここで一言しておきたいことがあります。それは相手を敬せよと申しても、相手のすべてを敬せよというのではないということであります。こんな話がありました。

「近頃の若者達は大した勇気をもっている。酒を飲んで、その上無免許でオートバイに乗り、フルスピードで走って、電柱に衝突して頭を割って死んだという。まさにこれ身を殺してオートバイに乗ったというもので、大したものだ。われわれにはとても出来ぬことだわい」

というのです。相手を敬するからといって、何もここまで敬服しなくともよいでありましょう。相手の中のよいところを取って、これを敬するのであって、相手が異常者の場合は別であります。

もちろん、孔子の「三人行なへば、必ず吾《わ》が師あり。その善なる者を択《えら》んでは之《これ》に従ひ、その不善なる者にしては之を改む」*という態度で見るならば、不善者についてもまた自己改善（我づくり）の資を得るであろうが、そういう場合は、これを「敬する」とはいわぬ。この場合は、すでに『言志四録』の敬の項で味読したように、自己を敬するが故にこの態度が生じて来るのだとすべきでありましょう。

七　世態に見る

(1)　労使の関係

上述のような態度を以て現在の数々の世相を見ると、どうも至る所において「敬」が欠けていることを痛感せざるを得ません。大戦の後で、まだ「憎」の情がはらい切れず、その為であろうかなどとも思って見ますが、余りにも憎しみの心、憎しみの態度が勝っていて、怨憎《えんぞう》の焔のもえさかる焦熱地獄の中に闘い狂う悪鬼の群のようなすがたを、随所に見せつけられるではありませんか。

その幾《いく》つかを拾ってみますと、まずマルキシズムの言動にそれを見るでありましょう。マルクスの所説――その理論の中には聴くべきものもあるでありましょうが、しかしその所説の根底となる彼の心情の基調をなすものが何であるか。私は、彼の心情は愛とか敬とかいう基調の上に立ったものではなく、徹頭徹尾「憎」の基調の上に立ったものと思わざるを得ません。彼および彼の理論を奉ずる彼等は、相手をすべて「敵」と呼び、これを打倒することを倫理としているようであります。この「憎」を基調とする態度は、やがてそのまま味方の同志に対しても現れ、少しく自説に違うものに対しては、容赦もなく「粛正」の名のもとにこれを打倒するのであります。これは明らかに相手に対する「侮慢《ぶまん》」の態度ではありませんか。相手の違っている点を、すべて自己よりも低いもの、劣っているものときめつける「侮」の態度ではないでしょうか。相手を侮って、自分を慢《おご》る——この侮慢の態度が彼等の姿に見られないでしょうか。

その一つの現れとして、多かれ少なかれその影響を受けつつあると思われる労働組合の団交の場の姿にのぞかれるではありませんか。相手の中に、高いものを発見して、それを再構成の資料として、より高次な「合」へ「止揚」するという弁証法的進化の態度——これを日本的の語を以ていえば「むすび」の道——が、その中にうかがわれるでありましょうか。よく「毛沢東思想には止揚がない」と評されますが、止揚の作用を喪失したものに進化はあり得ず、それこそ「仕様のないもの」になってしまうでありましょう。「敬」を忘れてはなりません。

同様に、使用者側でも「敬」の徳を養うことを忘れてはなりますまい。『孝経』をひもどいてみると、天子とか、諸侯とかという立場にある人の孝の道としては、上に対するよりも、むしろ下の者に対して、いかにこれを愛し、これを敬するかということを教えて居りますが、やはり部下や従業員を愛するだけでなく、これを敬するという態度（徳）をもつことを忘れてはならぬでありましょう。

古にはよき臣を迎えるのに「三顧《さんこ》の礼《れい》」*を以《もっ》てしたといいますが、部下に対しても、この「敬」があってこそ、部下もまた敬を以て上に対するでありましょう。敬を失うのが「失敬」でありましょうが、「失敬々々」を途上一片の挨拶とするだけでなく、心の底からのものと致したいものであります。また反面、「敬」を表面的の儀礼的ジェスチャーと心得て、ペコペコ頭を下げたり、御意、御無理ごもっともとバチを合わせる御機嫌取りに堕することのみとせず、もっと深い「徳」の問題として取り組むべきでありましょう。

百年たってもマルクス理論から一歩も高まり得ず、また一方、十年一日の如き経営から一歩も進み得ず、修正反対の「反修」にしがみついているようでは「仕様のない」ことではありますまいか。

(2) 政党の在り方

次に政党の問題を取り上げてみたいと思います。与党と野党とあることは当然のことで、何も取り立てていうほどの善いことでも悪いことでもないでしょう。しかしいくら野党だからといって、一から十まで事毎に絶対反対を叫ぶことだけが能ではありますまい。争うところは堂々と争っても、その間互いに相手の中に高いものを発見し合って、そしてむすんで(止揚して)、より高き第三の「合」を産みなしてゆく「産霊」の作用のあることに気づくべきではありますまいか。

この意味で、私はアメリカの大統領選挙の在り方をうらやましく思います。ずいぶん激しく戦って、野党候補のニクソンが当選した。そして来年の一月までの三カ月間は、ホワイトハウスの中に新大統領の室が設けられ、その間は新旧大統領が、アメリカ合衆国全体の為に、互いに相談し合って政策を決めつつスムーズに政権の授受が行われるというのであります。そして新大統領もまた「自分で役に立つことならどこへでも使いに行く」と申し出ているではありませんか。与野党間の「敬」のすがたをここに見得るではありますまいか。もしこれが従来の通りの日本の政党間であったら如何でしょうか。

こうしてみるとアメリカやその他の先進諸国の政党というのは、わが国における自民党内の派閥のようなものではなかろうかと思われます。「外交論争は水ぎわまで」というのも、こうした敬し合う政党の存在を前提として初めて可能なことでありましょう。日本の政党はいまだに「憎」の域から脱し切れずに狂い闘ってはいはしませんか。

(3) 国際関係

次にこれを国際的に見ても然りで、ベトナム問題にしても、チェコ問題にしても「敬」がない。それには勿論複雑な事情があるであろうが、アメリカやソ連の大国は小国に対する敬を忘れている。「お前はおれよりも低いんだ。おれがお前を助けてやるんだから有難く思って、おれのいうことを聞け」という「侮」の態度がどこかにありはしないでしょうか。あれほどの金と物と、そして莫大な人命までを失いつつ援助して、なおかつ相手より敬せられず、時に却って怨《うらみ》を以《もっ》て報いられるというのも、結局するところ「敬」を忘れたからではないのか。自分のいうことを聞けということは、裏返しにすれば、現状の自分が最高で、それ以上のものを産み出してゆこうとする「産霊《むすび》」を喪失したものであります。

そこには意識するとせざるとを問わず「自慢高慢馬鹿のうち」という愚かな慢心が生じているのであります。これは「無限の進化」を本質とする宇宙生命の進化の法則に反するが故に、どうしてもうまく行くはずはありません。「富めるものの天国に入るは、らくだの針のみぞを通るよりも難し」というバイブルの語が思い浮かんで参ります。しかしこの事は大国のみに求めるのではない。すべての国に対してのことであり、小国が大国に対しても、目前の利を得るための利用に終わることなく、敬を以てすべきことは勿論であります。

少なくも経済的には大国の仲間入りをしようとしているわが日本においても、他山の石として深く慎しみ省みるべきことではありますまいか。

(4) 教育の在り方

最後に、最近大きい問題となっている学校騒擾《そうじょう》のことについてふれてみたいと思います。

昨今見られるような大学の現状では、もうすでに「学校」ではありません。企業体における争議が、もし半年一年と続いて生産機能がストップされたとしたら、明らかに倒産でしょうが、一体何がこうさせたのか。

その一つは、革命イデオロギーと革命戦術でありましょう。争議の表面的理由として何を掲げようと、その原動力となるものは、まず一切を破壊するという革命理論と革命戦術でありましょう。しかしそれはいうなれば「因」であって、それを激発せしめた直接の「縁」となったものは、戦後の粗製濫造による大学のマンモス化でありましょう。八百幾十という大学の、学生もマンモス化すれば、教師も粗製濫造され、この教師と学生の間に、師弟をむすぶ「愛敬」のきずななどというものは、求めようとして求むべくもない状態に陥ってしまいつつあるということです。

私も、因縁と申しましょうか、一生をいうなれば教育ということに費して来たものの一人ですが、最近しみじみと感ずることは、「教授」は出来るとしても、「教育」ということは、そう容易に出来ることか否かということであります。

カリキュラムにもりこんだ知識や技術は教授出来るでありましょうが、人間そのものをよくして行くという「教育」が、オートメーション工程でテレビや自動車を組み立てるように簡単に出来るものだろうか。自己形成・自己成長の力は各人皆自らもっているものである。それに外部からある力を加えて、そのもてる力を十全に健やかに生々発展せしめて行く――これが教育の教育たる所以であるとするならば、自分自身がその気にならねば出来ることではなく、真に自己を教育するものは自己であるということになるであろうから、講義や、テスト等々の方法のみでは、そう簡単に行くものではないはずではありますまいか。

禅家では「啐啄同機《さいたくどうき》」ということを申します。親鶏が卵を抱き温めて二十一日たつと雛《ひな》が孵化する。その時雛が外に出ようとしてカラの内側からつつく。これが「啐」です。すると親鶏が機を逸せず外からつついて破ってやる、これ「啄」です。この啐と啄との呼吸がぴたりと合わねば雛が生まれ出て来ない。これが啐啄同機なのでありますが、本当の人間教育というものはこういうものだとしみじみ感ずるのであります。しかも雛の場合は二十一日と大体決まって居りますが、人間の見性の機は、いつ・いかなる場合に現れるか予測されるものではありません。

私はよく「あなたの学院の学生はまことに立派にやっているが、一体どういう教育をなさるのですか」ということを聞かれるのでありますが、この質問は私にとって甚だ当惑する難問であります。やむを得ず私は「私の所では、教育というよりは、生活をしているのです。講義もあります。実習もあります。しかしこの含翠《がんすい》学院は師弟共々にする生活の場であると申したいと存じます」と答えるのですが、その生活の間において、師弟の間の人間と人間の接触による啐啄同機的作用によって、学生の人間が孵化し成長してゆくのであります。

そして最近私は、「敬」の徳をまず私自身養うことを念としている関係もありましょうか、学生を敬することこそが教育の根本であるということを痛感して参りました。学生を愛するだけでは足りぬ。それだけでは、自分と異なる態度のものとは結べなくなる。多少の差異点のあるのは当然、それを一々気にして除外していたのではどうにもならぬ。そこで私は生徒の一人一人について、その中に、自分よりも高いものを発見しようとしているのであります。

そしてその前提として、私のもっているものだけでなく、私以上のもの、さらに願わくは現在の人類のもてる水準以上のものを産み出してゆく力が、この人たちの中にあるのだと考えるようになったのです。

そうすると、現在は十代の幼い顔の中に、これから三十年たち四十年たった四十代五十代の顔が浮かんで来るのです。かくて私は、生徒を敬する、そして一人一人にその敬するに足るところのものを健やかに成長させて行くように念じます。そうなると不思議なもので、彼等も自分の力でぐんぐんと伸びて行き、お互いに楽しい日々が送れるようになるのであります。

もちろん教育には、よいものを伸ばしてゆくとともに、わるいものを除いてゆくということも必要でありますが、わるいものを取り除くということは、実はよいものを伸ばしてゆくための妨げを取り除いてやることで、たとえば、稲というよい作物を健やかに生長させるために、除草や病虫害の防除をするようなものでありましょう。それをもし伸ばすべき稲をみとめず、除草機を回したり、薬剤の撒布だけをしていたら、稲までが枯れ衰えてしまうでありましょう。

悪を憎むということは、善を敬するが故であることを忘れると、相手のあら探しに陥り、小言のいい続けとなるでありましょう。同じ叱るにしても、「これこれのよい所をもっている君にして、この事があるとは惜しいよ、やめ給え！」となるのです。

のであります。

「敬」を「たかし」に訓みますが、敬することはたしかに自他を共に高くして行くものであります。

しかしこうした生活を生活してゆくには、とても大量生産的な環境のもとではだめであります。私が、日本農士学校*の時も、今の含翠学院でも、生徒数を三〇～四〇名として、いわゆる寺子屋的塾式教育で一貫したのはこのためであります。

教育に対するこういう考え方は、現代の世間の在り方からすれば、いかにも田舎くさい、そして古くさいものと聞こえるでありましょう。しかしこうした教育の場にあっては、学校騒動に見られるようなものは考えられません。それは同じ屋根の下に住み、同じ釜の飯を食っての心の通い合う間柄においては、常に愛敬のきずなによってむすばれているからであります。

随って学校騒動に対して、私に何かいえといわれるならば、私は端的に「師弟の間に愛敬がない。特に敬がないからだ」の一語を以てしたいと存じます。この場合の「敬」とは学生が教師を敬するだけでなく、教師も学生を敬することをも含めてであり、さらに学問を敬し、人生を敬し、学校を敬し、祖国を敬するまでを一貫しての基本的態度としての「敬」であります。

八　「むすび」と妥協・迎合

ここで、とかく混同され、誤解されやすい、「妥協」とか「迎合」とかいうことと、「むすび」の道の異同を一言しておきたいと存じます。

AとBと対立した場合、Aは五を主張し、Bは十を主張するとする。その時、同一線上にあって、それ以上の高きものを産み出して行くことをせず、$\frac{5+10}{2}=7.5$として、Aにも偏せずBにも偏せず、中間の七・五で妥協するのが、世にいう「妥協」のすがたであります。しかしこれでは弁証法止揚による進化は望めません。これを図解すれば、次頁の〔A〕図のようになるからであります。

しかし〔B〕のように、AとBとが結合することによって産霊する止揚作用によって「合」を産む弁証法的進化の道に立てば、Cという新たなる高次のものを産み出すために、AB両者が「むすぶ」——結合することによって産霊するのであるから、単なる平面的妥協とは異なるものがあるのであります。私どもの願い求めるものは安価な妥協ではありません。止揚（産霊）による向上であり、立体的進化であります。

例えば、従業員が五千円の賃上げを要求する。これに対して経営者は企業の現状から、それ程は出せないから三千円にしろという。それでは中を取って四千円で妥結しよう——これが「妥協」であります。

これを、五千円の要求はよい。しかしそれを実現するにはもっと利潤を上げねばならぬ。そのために、経営者側で改める所はどこか、労働者側で改める所はどこかと、お互いに研究し合って、互いに改める所を改めて利潤を上げる。そして五千円に止ま

〔A〕

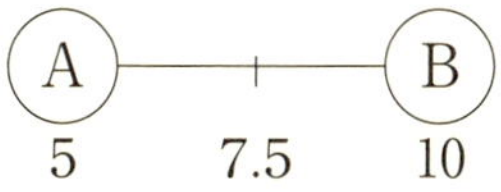

〔B〕

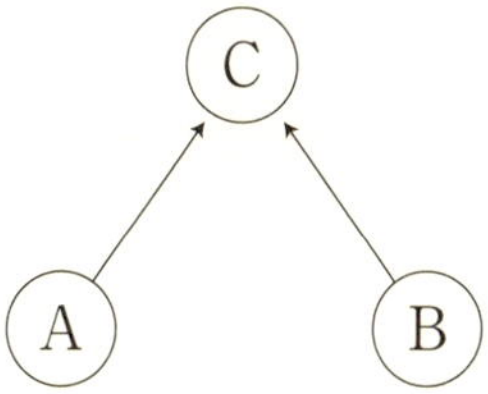

らず、六千円の賃上げが実現出来るようになることもあり得る。これが結合することによって産霊を生ずる「むすび」の道であります。万事こういう調子で進むところに進化があり、したがって人類の幸福ももたらされるでありましょう。

「妥協」に類する言葉に「迎合」というのがあります。「迎合」とは要するに長いものに巻かれろ主義で、事の如何《いかん》にかかわらず、相手の御機嫌を損せず、唯々諾々《いいだくだく》、相手のいうなりになる方が得だという卑屈な、ずるい卑しい根性から発するものであります。「自ら反みて縮《なほ》くんば、千万人と雖《いえど》も、吾《わ》れ往《ゆ》かん」とか「道においては師にも譲らず」とかいう確立した態度のもの同志がむすび合ってこそ、真の産霊が生ずるのでありまして、迎合からは新たなるものは生まれません。民主主義政治の弊害は、大衆に迎合して票を集めることに汲々として、道に立って産霊しようとする「進化」の見識と勇気を喪失することであります。

九　事物に対し、我に対しての「敬」

以上「敬」を主として縷々《るる》申して参りましたが、それは主として人に対する場合でありました。しかし「敬」は何も人に対してのものだけではありません。事（仕事、事業）や物に対しても大切な徳であります。中江藤樹は敬を「侮《あなど》り軽んぜざる」ことであると説いて居りますが、要するに仕事および仕事の対象たる物を粗末に取り扱わず、大事にすることであります。私どもは、事業に成功した人達にこの人となりを見ます。

そして最後に、「敬」の極致は自己を敬することであることに気づきます。自己の中に、現在のままの自己よりも高き自己を見出し、もしくは高き自己を創出し、その高き自己の理想像の実現の為に努力精進することが、自己の自己に対する敬であります。この人にして、はじめて人を敬し、事物を敬する人であり得るのであります。

常に高きに憧れ、高きを求めて止まぬ人であるが故にこそ、人の高きものを発見することが出来るのでありまして、現状に甘んじ、或いは更に下り坂を転落しつつあるものには、人の高い所は却《かえ》って目の上のこぶに見え、これを敬するどころか、これをねたみ憎むことさえあるに至るものであります。これらのことはすでに本書の「敬に関するもの」の中に述べたことでありますから御参読願います。かくて私は、道元禅師の

「此の一日の身命は尊ぶべき身命なり。貴ぶべき形骸なり。此の行持《ぎょうじ》あらん身心《しんじん》自らも愛すべし。自らも敬ふべし」

の語を誦《しょう》するたびに、いつもながら深く心に銘ずるのを覚えます。

一〇 「敬」の実践要目

こういうことを考えれば考えるほど、私は「敬」の徳を身に養いたいと思うのであります。一切の人・一切の事・一切の物に対して、これを敬する人でありたいと念ずるのであります。ことに私のような立場におかれているものは、ともすると先生扱い

され、「さびしからずや道を説く君」となりがちであり、よほど気をつけないと「先生といわれるほどの馬鹿でなし」となる危険を多分にもつ境遇におかれているのであります。（しかしこれはある年輩になれば、多かれ少なかれ誰にでもあることではありますまいか。）

そこで私は、自分の実践事項として、次の三つを選んで努力して居ります。

一　人のいうことをようよう聴く。

二　人のなす所をようよう視る。

三　そして、その中から高いものを発見して、心から感心（敬）する。

これは、私の修行要目でありまして、人に強いるものではありません。各人おのおのの自分の性格や境遇から、自分で選んで立てるものでありましょうが、私は以上の三項目を選んで居るのであります。そしてこの方が、

一　人に聞かせてやる。

二　人に見せてやる。

三　人に感心させてやる。

よりも、遥かに有益であり、それよりも楽《らく》であります。けれどもこれは大きい修行でありまして、常に高きを求め続けて居なければ、どう聞き、どう見て、どこに感心するかに、とんでもない調子はずれを生ずることがあるのであります。何を聞き、何を見、そして何に感心するかということは、結局はこちら自身の如何《いかん》によって決せられるのだからであります。とんでもないものをつかんで、とんでもない所に感心するようでは、却ってもの笑いになり、誰も真剣に聞かせてくれもせず、見せてくれもしないでありましょう。

世間一般の人々には理解されず、本人自身でも気づかなかったような高いものを発見して、それに対して心から感心（敬）する人、この人こそ、自らを向上させ、人をも向上させる人でありましょう。（「師」とはこういう人ではないでしょうか。）となると、常に自己の足らざるを知って、自己を高めようと努力する人、換言すれば、真に自己を敬する人、その故に学んで息まざる人であることこそが、私どもの求めてやまぬ人間像ではありますまいか。「教学半《なかば》す」という「学記」の語が尊く、そしてまた同書の「学んで而《しか》して足らざるを知る」の意味も味わえてまいります。

この「学んで而《しか》して足らざるを知る」という語で思い浮かぶことがあります。それは戦前、副島蒼海《そえじまそうかい》*先生の書を入手した時のことですが、その書幅の落款《らっかん》の印文に「学而知不足也」とこの一句が刻まれていたのでした。明治天皇の侍講として、一世の師表と仰がれた副島先生が、その印文にこの句を選んだことに私は粛然《しゅくぜん》たるものを覚え、不思議にこの句が私の脳裏に刻まれ、事あるごとに思い出されたのでした。

しかし今になって考えてみると、当時の私はいまだ知的態度でこれを解し、「新しいことを学ぶと、今まではこういうことを知らなかったということがわかる」ぐらいに受け取っていたようです。学というものを外的に考えていたのです。だから「不足」を「足りなかった」と過去形にとらえていたのであります。

せっかくの妙句もこれでは知的理解に過ぎません。これを自分の「徳」の問題として知的にとらえると、現在形の「足らぬ」になります。従来の自己よりも高き徳のあることを知ると、今まで気づかなかった自己の足らざる所がはっきりと見えてまいります。それは文字や言語の上のことではありません。あくまでも自己の内的の事実としてであります。

「おれにはこんな欠陥（足らざる所）があったのだ。それに気づかずに、よくも一人前のつもりで来たものだ」という内心からの恥を覚えるのです。

それは「天知る、地知る、我知る」底のもので、その欠陥が改まったと自分自身で納得の出来ぬ限り、常に我から離れない現在形の痛感であります。それは肉体的の飢餓感に比すべきもの、あるいはそれ以上のもので、亢《こう》じて来ると生命の違和を来すまでに至るものでありまして、飢えたる者の食を求むるが如き向学求道の真剣さはここから生ずるのであります。

まこと山深水寒を覚え、我に対する敬が、一切に対する敬の本であると申すのも、こうした味識よりのもので、思えば「味おう」ということは、苦しいが楽しいことであります。

かくて、天地生々の道としての弁証法的進化は、愛敬の徳――なかんずく「敬」の徳によって運行されると把握し、私の味得を「敬の弁証法」と呼ぼうというのもこの故であります。

あとがき

このたびわが黎明書房から、安岡門下の高足・菅原兵治先生の『言志四録味講』を出版させて戴くことになったことは、私の感激に堪えないところである。本書は『言志四録』について、単なる語句の解釈を試みたものではない。何十年にもわたる血のにじむ読書と思索と体験をふまえた、文字どおりの「味講」である。それは実に先生の生命を媒介とした「大地の声」というべきでもあろうか。

終戦前の十数年間、菅原先生は安岡先生創設の埼玉県の日本農士学校において、検《けん》校《ぎょう》（校長）として農村子弟の教育に当年の情熱を傾注された。凡そ三十年も前のこと、私は勤務校より派遣されて同校見学の機会をえたが、私がはじめて先生の謦咳《けいがい》に接したのは、実にこのときに遡るのである。農繁の折柄、その日の先生は農衣のままで私を引見されたが、率直にいって何かしら近寄りがたい恐《こわ》さを感ぜざるをえなかった。

それでも親しく校内を案内されて、懇《ねんご》ろな指導を吝《お》しまれなかった。あのときの清冽な印象は、いつまでも私の心から消え去ることがない。

やがて同僚の鈴木・平賀両兄が、それぞれ一週間の参学を試みたが、その感銘は私の予想どおりで、それがまた新たな刺戟《しげき》ともなって、教え子の青山・宮田・瀬戸等々の諸君が、相次いで同校の門をくぐることになった。それから長らく先生にお会いする機会に恵まれなかったが、先生と私との魂は、主としてこれらの青年たちを介して、ひそかなる触れ合いをつづけたようである。

全国師友協会の結成は昭和二十四年のことであるが、定例的にその中央大会がもたれるようになったのは、いつ頃からであったろうか。私が改めて先生に親炙《しんしゃ》するようになったのは、まったくその機縁によるものである。

先生は戦後まもなく山形県の一角に東北農家研究所（現在の東北振興研修所）を興し、それを拠点として今日まで、かつての日本農士学校の道統《どうとう》を継ぐ尊い道業を展開されたのである。一昨年の二月、たまたまそこを訪れる機会をえた私は、満目皚々《まんもくがいがい》たる雪の原に佇んで、かぎりない感慨に浸ったのであった。

左記はそのときの偶詠である。

耿々《こうこう》の君が志《こころ》を刻みけむこの丘はらやいまぞわが踏む
しんしんと炭火燃えつつ草莽《そうもう》の赤きこころをわが見たりけり

先生と私との綿々たる道縁が、この『言志四録味講』に結実したことに、私は心から合掌する。『言志四録』は私自身にとっても、青年時代からの愛読書である。私は激動の世にあって、本書が一人でも多くの人々に読まれ、先生の教学が深く民族の魂に培わんことを念じてやまない。

昭和四十三年十二月十日

力富阡蔵

編集部注

5頁　昌平黌――昌平阪学問所。寛永七（一六三〇）年、林羅山が設立した私塾が始まり。元禄三年（一六九〇）将軍徳川綱吉の命により湯島に移転、寛政の改革のとき幕府直轄の学問所となった。朱子学を正学として幕臣・藩士などの教育にあたった。

7頁　金雞学院――安岡正篤氏によって、日本の指導者育成のため昭和二年に設立。

26頁　大学――儒教の重要な経典である「四書」の一つ。「四書」とは、『大学』『中庸』『論語』『孟子』をいう。

39頁　王陽明の詩――中国の明代の儒学者、陽明学の祖である王陽明の詩「答人問道」の一節。「腹が減ったら飯を食い、つかれたら眠る。このようなやむにやまれぬ切実な欲求から発してやる切実な精進こそが、奥の奥の本当の修行である。ところが、このことを世人に説いても、誰にも信ぜず、自らの良心を明らかにし、それに従って『われづくり』のために綿密な修行を積むということを忘れて、かえってわが身の外なる神仙の御利益を求めるようなことをしている。」（菅原兵治著『王陽明の詩』黎明書房）

42頁　五観の偈――唐代の南山律宗の僧、道宣が著した『四分律行事鈔』中の観文を宋代に黄庭堅が僧俗のため約したもの。「食とは良薬なのであり、身体をやしない、正しい健康を得るためである」形枯とは身体が朽ち果てること。

56頁　学記――『礼記』の一篇で、学問について述べる。

79頁　行持――仏道の修行を怠らずに続けること。

88頁　道聴塗説――道端で聞きかじったことを、すぐにまた自説のように他人に話すこと。「塗」は「道」の意。出典は『論語』陽貨篇。

89頁　『菜根譚』――中国明代の語録。出処進退、処生訓、人生の楽しみなどを儒教を中核に、道教や仏教をとり入れて説いている。

94頁　『耕心』誌――公益財団法人東北振興研修所発刊の月刊誌。昭和27年創刊。著者の菅原兵治氏が主筆を務めた。

104頁　「天地正大の気……」――幕末の思想家、藤田東湖の『正気の歌』。「天地に満ちる正大の気は、粋を凝らして神州日本に集まり満ちている。正気、地に秀でては富士の峰となり、高く大いに幾千年もそびえ立ち、……開けば、幾万もの枝に咲く桜の花となり、ほかの草木の及ぶところではない。」

105頁　露堂々――すべての物事がはっきりとわかる。一点の隠す所もなくあらわれている様子。

106頁　朝日に匂ふ山桜花――本居宣長の歌「敷島の大和心を人問はば朝日に匂ふ山桜花」による。

112頁　劉向――前漢の学者。著書に『新序』『説苑』『列女伝』などがある。

115頁　大鵬や柏戸――第四十八代横綱大鵬幸喜。第四十七代横綱柏戸剛。柏鵬時代と呼ばれた。

120頁　天何をか言はんや――出典『論語』陽貨篇。

122頁　皚々たる――雪や霜で辺り一面が真っ白く見えるさま。
125頁　含翠学院――著者の菅原兵治氏が主宰した農村青年育成のための塾。昭和二一年から昭和四九年の休止までに七三〇余名の生徒を世に送り出した。
129頁　「仰臥して人唖の……」――夏目漱石、修善寺大患時（明治四三年）の作。
133頁　暴虎馮河――素手で虎を打とうとしたり、歩いて黄河を渡ろうとするような無謀な振る舞い。出典『論語』述而篇。
137頁　正受老人――江戸時代の臨済宗の僧侶、道鏡慧端。白隠慧鶴の師。
143頁　笑而不答――笑って答えず。
146頁　照顧――行いを反省して一つひとつ確かめること。
153頁　自彊不息――いつまでも自分を励まし努力し続けること。
155頁　克己――私欲に打ち勝つこと。出典『論語』顔淵篇。
187頁　「三人行へば……」――三人いれば、自分の師となる人物がいること。出典『論語』述而篇。
190頁　三顧の礼――目上の人がある人に対し、仕事を引き受けてもらいたいと、丁寧に頼むこと。三国志の中で劉備が諸葛孔明を三度訪れて軍師に迎えた故事による。
199頁　日本農士学校――安岡正篤氏が農村の人材を育成するために昭和六年設立。著者が検校（校長）となる。
207頁　副島蒼海――副島種臣。明治時代の政治家。書家としても優れた作品を残している。

著者紹介

菅原兵治

明治32年，宮城県に生まれる。

昭和２年，安岡正篤先生創設の金雞学院に入り，安岡先生に就いて東洋哲学を修む。

昭和６年，日本農士学校創立に際して検校（校長）となり，農村人材の育成にあたる。兼ねて篤農協会理事となる。

昭和21年，山形県羽黒町松が岡に東北振興研修所を設立，その所長となる。

昭和40年，黄綬褒章を受く。

昭和54年，逝去。

〔主著〕

『農士道』
『東洋治郷の研究』
『仕事の道』
『村を護る』
『農家の確立』
『素朴なるもの』
『野の英哲二宮尊徳』
『二宮翁夜話味講』
『図南の豪雄伊達政宗』
『言志四録味講』
『王陽明の詩』等

なお月刊『耕心』主筆として健筆を揮う。

佐藤一斎《さとういっさい》の言葉《ことば》――『言志四録《げんししろく》』を生《い》きる――

2013年３月10日　初版発行

著　者　菅《すが》　原《わら》　兵《ひょう》　治《じ》
発行者　武　馬　久仁裕
印　刷　藤原印刷株式会社
製　本　株式会社渋谷文泉閣

発行所　株式会社　黎《れい》　明《めい》　書《しょ》　房《ぼう》

〒460-0002 名古屋市中区丸の内3-6-27 EBSビル
☎052-962-3045　FAX052-951-9065　振替・00880-1-59001
〒101-0047 東京連絡所・千代田区内神田1-4-9 松苗ビル４F
☎03-3268-3470

落丁本・乱丁本はお取替します。　ISBN978-4-654-07026-8